Para el maestro
Yasuè, con mi afecto
y agradecimiento. Este
antiguo trabajo le tengo espe-
cial afecto por las cir-
cunstancias en que fue
escrito. Un abrazo

Rafael

julio 05

MATRIMONIO
Y DERECHO

REAL ACADEMIA DE JURISPRUDENCIA Y LEGISLACIÓN

MATRIMONIO Y DERECHO

Discurso leído el día 28 de noviembre de 1994
en el Acto de su recepción pública como Académico de Número, por el

EXCMO. SEÑOR
D. RAFAEL NAVARRO-VALLS

y contestación del

EXCMO. SEÑOR
D. JUAN VALLET DE GOYTISOLO

MADRID
1994

Impresión de cubierta:
Gráficas Molina

EDITORIAL TECNOS, S.A., 1994
Juan Ignacio Luca de Tena, 15 - 28027 Madrid
ISBN: 84-309-2572-4
Depósito Legal: M. 36167 -1994

Printed in Spain. Impreso en España por Rigorma Gráfica. Pol. Ind. Alparrache.
Navalcarnero (Madrid)

ÍNDICE

DISCURSO DEL EXCMO. SR. D. RAFAEL NAVARRO-VALLS

CONTESTACIÓN DEL EXCMO. SR. D. JUAN VALLET DE GOYTISOLO

DISCURSO
DEL EXCMO. SR. D. RAFAEL NAVARRO-VALLS

PRELIMINAR

EXCELENTÍSIMO SEÑOR MINISTRO,
EXCELENTÍSIMO SEÑOR PRESIDENTE,
EXCELENTÍSIMOS SEÑORES ACADÉMICOS,
SEÑORAS Y SEÑORES:

1. Al traspasar el umbral de esta Academia predominan en mí dos sentimientos. El primero, de gratitud; el segundo, de confusión. Confusión, porque sé bien que no son exclusivamente mis méritos los que os han decidido a llamarme al seno de la Real Academia de Jurisprudencia y Legislación. Pienso que habéis querido, simplemente, depositar en la modestia de mi persona la grandeza de representar en esta Corporación esa ciencia jurídica bimilenaria que es el Derecho canónico, y que tanto ha contribuido a la formación del Derecho de Occidente.

Comprendéis enseguida por qué mi confusión se torna en gratitud. Gratitud, en primer lugar, a los académicos D. FERNANDO GARRIDO FALLA, D. LUIS CORONEL DE PALMA, MARQUÉS DE TEJADA, y D. MANUEL TABOADA ROCA, CONDE DE BORRAJEIROS, que me hicieron el honor de presentar mi candidatura para ocupar la medalla número 23 de esta Academia. Gratitud a D. JUAN VALLET DE GOYTISOLO, que con amable y afectuosa disponibilidad ha aceptado la carga de responder a mi discurso de recepción. Agradecimiento, a todos vosotros por haberme recibido en este senado de ciencia, alta calidad humana y extremo rigor intelectual. Y agradecimiento, en fin, al profesor SUÁREZ PERTIERRA, Ministro de Educación y Ciencia, querido amigo, colega y canonista, por haber aceptado presidir esta Sesión de nuestra Academia

2. Mi gratitud, si cabe, se acrecienta porque habéis tenido la delicadeza de llamarme al puesto que ocupaba en esta Academia el Excmo. Sr. D. JOSÉ MALDONADO Y FERNÁNDEZ DEL TORCO, CONDE DE GALIANA, eximio canonista y entrañable amigo.

Nació D. José Maldonado el 6 de octubre de 1912 en esta ciudad de Madrid. Lo cual explica ese tono, que alguno de sus discípulos calificaba cariñosamente «entre burlón y castizo», lejano de todo engolamiento o afectación, con que envolvía su cálida y entrañable personalidad humana y su rica vitalidad científica. En efecto, D. José Maldonado unía en sí la condición de Catedrático de Universidad y Letrado del Consejo de Estado, organismo, este último, que otro de sus letrados eminentes calificó de «escuela de buena Administración y observatorio de la mala» (N. ALCALÁ ZAMORA, *Memorias*, Madrid, 1977, p. 35). De ahí el fino sentido jurídico que impregna toda su obra. Su polifacetismo le llevó incluso a asomarse a la política como Subsecretario del Ministerio de Educación Nacional y al mundo de la Banca como Vicepresidente del Banco Hipotecario. En la historia universitaria de España ocupa un elevado puesto en esa difícil zona que supone la confluencia de distintos saberes jurídicos. Me refiero, en este caso, al Derecho Canónico, la Historia del Derecho y el Derecho Eclesiástico del Estado.

Su primera cátedra, de la que fue nombrado por oposición el 12 de agosto de 1941, fue la de Historia del Derecho de la Universidad de Santiago de Compostela; enseñó después la misma disciplina en Valladolid; y, en 1952, sucedió, también por oposición, a Fray José López Ortiz en la cátedra de Historia de la Iglesia y de Derecho Canónico de la Universidad de Madrid. Exigencias de la masificación estudiantil llevaron a transformar esa cátedra, que por entonces se incluía en los estudios de doctorado de la única Facultad de Derecho madrileña, en la segunda de Derecho Canónico de los estudios de Licenciatura. Cátedra que ocuparía hasta su jubilación en 1982. Meses más tarde, tuve el honor de sucederle como director del Departamento de Derecho Canónico de la Universidad Complutense.

En la Presentación al volumen en su homenaje que coordinó ese mismo Departamento, con motivo de su jubilación, se lee algo de lo que puedo dar personal testimonio. Decían sus firmantes:

«D. José Maldonado y Fernández del Torco ha contribuido a dar a la canonística española un nuevo estilo, que no hay que identificar como una escuela —en lo que este término pueda tener de evocación de posiciones de método dogmáticamente cerradas—; sino como un modo de hacer, comprometido sólo con la calidad científica y con el talante universitario. Por ello puede afirmarse que si la canonística española es seguida hoy con respeto e interés por los colegas de todo el mundo, de las más diversas ideologías, orientaciones y tendencias, ello en muy buena parte es debido al estimulante ejemplo del maestro» (*Estudios de Derecho Canónico y Derecho Eclesiástico del Estado en homenaje al profesor Maldonado,* Madrid, 1983, p. 12). Digo que puedo dar personal testimonio, porque en los años en que fuimos colegas en el mismo Departamento universitario, y también en aquellos otros en los que yo era un joven aspirante a catedrático, el profesor Maldonado siempre tuvo para mí consejos incisivos y afectuosos, de esos que abren horizontes en la ciencia y en la vida.

Por lo demás, no fue D. José Maldonado investigador de un solo tema. Los tres aspectos científicos a los que antes aludí encontraron correspondiente reflejo en su obra investigadora. Su preocupación por la historia nunca le abandonó y es natural que, buena parte de su labor científica, obedeciera a la inquietud de reconstruir el Derecho del pasado: en especial las relaciones entre el Derecho canónico y el Derecho estatal. En este marco, por ejemplo, se incluyen *Las relaciones entre el Derecho canónico y el Derecho secular en los Concilios españoles del siglo XI* (1943); *Sobre las relaciones entre el Derecho de las Decretales y el de las Partidas en materia matrimonial* (1944); *Líneas de influencia canónica en la historia del proceso español* (1953); o ese magistral trabajo que fue su discurso de ingreso en nuestra Academia, y que lleva por título *La significación histórica del Derecho canónico* (1968).

Mención aparte merece su *Curso de Derecho canónico para juristas civiles* (la primera edición, a la que han seguido varias, es de 1967). En él aparecen también presentes las inquietudes científicas de un historiador; pero lo que especialmente sorprende es la prontitud con que supo traducir a un esquema jurídico la repercusión del Concilio Vaticano II y el indudable mérito que supuso hacerlo de modo que resultara accesible a los juristas laicos, para lo que utilizó un esquema ciertamente no al uso entre los canonistas españoles de la época. Muchas de sus páginas están dedicadas a la teoría general del Derecho canónico, al análisis de sus instituciones vigentes y, lo que será de extraordinario interés para el futuro de nuestra disciplina, a la construcción de esa joven rama de los estudios jurídicos que es el Derecho Eclesiástico del Estado. En este sentido, es sintomático que el profesor Maldonado dirigiera en la *Revista Española de Derecho Canónico,* durante muchos años, una sección pionera denominada «Reseña del Derecho del Estado sobre materias eclesiásticas». Así como también que el primer trabajo que publicara (1940) verse, precisamente, sobre *La construcción jurídica de la teoría de las relaciones entre la Iglesia y el Estado.*

Su obra, en ése y en otros aspectos, es muy amplia. Baste recordar aquí sus aportaciones al Derecho matrimonial: *Sobre los matrimonios civiles de españoles en el extranjero* (1949); *La exigencia del matrimonio canónico en nuestra legislación civil* (1954); *La repercusión del concordato en materia procesal matrimonial* (1954); y el publicado en los *Anales* de nuestra Academia (1977) sobre *El matrimonio sacramento.* Sin olvidar aquellas tres importantes monografías dedicadas al análisis de las *Herencias en favor del alma en Derecho español* (Madrid, 1944); *La condición jurídica del «nasciturus» en el Derecho español* (Madrid, 1946); y *El Fuero de Coria* (Madrid, 1949).

Sin salirnos del ámbito de la Universidad, hay todavía un aspecto que desearía destacar aquí. Me refiero a su extensa labor de orientación de discípulos en el campo del Derecho canónico y del Derecho eclesiástico. Muchos de los que ocupamos ahora Cátedras de esas disciplinas en las Universidades españolas, directa o indirectamente, nos sentimos tributarios de su enseñanza, consejo o ejemplo. Especialmente en algo que para él fue una constante y casi una obsesión: no separar el Derecho canónico de los avances del Derecho secular. No crear una especie de tensión dialéctica entre los términos Derecho canónico-Derecho estatal; no olvidar, que todos los intentos de explicar satisfactoriamente esa realidad que llamamos *Derecho* son un patrimonio común de canonistas y civilistas. Superar, en suma, el absurdo de intentar crear un cisma en el corazón mismo del Derecho.

Podría extenderme glosando figura tan señera y tan querida. Permitidme tan sólo concluir su elogio recordando lo que alguna vez le oí comentar: que entre sus amores se contaba, como primero la Iglesia; como segundo, y después de su familia, el Derecho. De la primera fue hijo fiel; del Derecho, maestro indiscutible; de esta Academia miembro preclaro. Descanse en paz.

I. INTRODUCCIÓN

Como sin duda sabréis, el escudo actual de nuestra Real Academia tiene en su mitad inferior dos libros con estos rótulos abreviados: IUS CANONICUM y IUS CIVILE [1]. Y cuando hube de afrontar la decisión de elegir tema para mi discurso de recepción, me pareció oportuno no separar tampoco ambas ciencias en mi disertación. Así que pensé: ¿Cuál es el más delicado punto de sutura entre sociedad civil y sociedad religiosa? ¿Qué institución jurídica ha recibido desde ambas vertientes la conjunta, interesada y más asidua atención de civilistas y canonistas? La respuesta surgió pronta: el matrimonio.

En la institución matrimonial, tanto la tradición del Derecho continental europeo como la del *common law,* es decir, prácticamente todo Occidente, han visto siempre la conjunción más lograda de la técnica civil —romana, si queréis— con la ética cristiana. Una simbiosis que ha dado a nuestro viejo mundo un modelo que ha vivido durante siglos y del que es dudoso abdique fácilmente, no obstante el progresivo proceso de erosión que luego analizaremos.

Había, además, otro dato. Algo que provisionalmente fortalecía mi primera intuición, y que precisamente tendría lugar en el año en que debería leer mi discurso de recepción. Me refiero a la feliz conjunción

[1] «Según Jordana de Pozas, el escudo actual es el mismo que ya se utilizaba, al menos, desde 1882. Está formado por ramos enlazados de palma y de azucena que le abarcan, tiene en su mitad superior la imagen de la Purísima Concepción, flanqueada por tres estrellas de ocho puntas a cada lado, y en los dos cuarteles de la mitad inferior, dos libros con los rótulos abreviados de *Ius canonicum* y *Ius civile* [...]»: J. C. DOMÍNGUEZ NAFRÍA, «Real Academia de Jurisprudencia y Legislación», en el vol. *Las Reales Academias del Instituto de España,* Madrid, 1992, p. 426.

de intereses que ha llevado a la Organización de las Naciones Unidas y a la Santa Sede a proclamar 1994 Año Internacional de la Familia [2]. El matrimonio, huelga decirlo, es como su clave de bóveda.

Por lo demás, tenía yo muy presente lo que mi ilustre y llorado predecesor en la medalla que me habéis hecho el honor de ostentar decía en su discurso de ingreso en esta Academia. En aquella ocasión observaba: «Cuando un nuevo Académico se une a la Corporación ha de presentarse ante ésta con el bagaje de su obra ya desarrollada, que ofrece como para corresponder a la elección. Pero la Academia le presta también en este trance la oportunidad de intentar un nuevo empeño, con la presentación del discurso de recepción, en el cual lo más adecuado, por consiguiente, será mostrarse ante la Corporación en los modos, aficiones y trabajos que caracterizan al que se presenta.» Y añadía: «creo por ello que el tema de este discurso debo elegirlo entre los problemas de más actualidad e interés de la disciplina jurídica de mi dedicación oficial» [3]. Sin duda, tanto los canonistas aquí presentes como los no canonistas, coincidiréis en que el matrimonio posiblemente sea uno de los problemas de mayor interés en el momento actual.

Efectivamente, antes lo he calificado como el más delicado punto de sutura entre sociedad civil y sociedad eclesiástica; entre la Iglesia y el Estado. Es natural que en él confluyan las oscilaciones que el pensa-

---

[2] En la 78.ª sesión plenaria de la Asamblea General de las Naciones Unidas, con fecha 8 de diciembre de 1989, se aprobó por unanimidad la Resolución 44/82, por la que se proclamaba 1994 como Año Internacional de la Familia. El objetivo —según la propia resolución— es «crear en los gobiernos, los encargados de formular políticas y los pueblos una mayor conciencia de la familia como unidad natural y fundamental de la sociedad». Fue inaugurado en Nueva York el 8 de diciembre de 1993. A su vez, Juan Pablo II, el 6 de junio de 1993, anunció que la Santa Sede celebraría también el año 1994 como Año Internacional de la Familia. Fue inaugurado en Nazaret el 26 de diciembre de 1993. Su finalidad sería que los gobernantes, los legisladores y los que tienen especiales responsabilidades sociales, tomen conciencia de su deber de «ayudar, fortalecer y hacer crecer la familia con verdaderas políticas que le den coherencia y estabilidad». Al tiempo, el «Santo Padre ha querido invitar a toda la Iglesia a ponerse en pie para construir permanentemente la familia, para defenderla, para ponerla en convergencia con el plan de Dios». Homilía del Card. López Trujillo en la inauguración del AIF, Nazaret. Texto completo en *Documentos Palabra (D.P.)*, 177, 1993, pp. 264-265. Como observa J. M. CASTÁN («La recepción de la familia en las declaraciones de los derechos humanos del siglo XX», en el vol. *Políticas de la familia*, coordinado por J. M. DÍAZ MORENO y otros, Madrid, 1993), «cabe esperar que en 1994, Año Internacional de la Familia, el elenco de las Declaraciones se enriquezca con una nueva [...]: la deseable Declaración Universal de Derechos de la Familia».

[3] J. MALDONADO, *La significación histórica del Derecho canónico*, Discurso de recepción en la Real Academia de Jurisprudencia y Legislación, Madrid, 1969, p. 7.

miento jurídico experimenta en uno y otro sector. Y ocurre que hoy asistimos a una confrontación entre la cultura jurídica en la que aún vivimos y otra que pugna por desplazarla. La cultura jurídica de la que vivimos, tanto canonistas como civilistas, es la fundada a partir de la Escuela histórica sobre el paradigma de las ciencias de la naturaleza, con los ingredientes del normativismo, dogmatismo y conceptualismo. Frente a ella se va delineando otra distinta, cuyos componentes tienden a ser opuestos: sociologismo frente a normativismo, empirismo contra dogmatismo, vitalismo *versus* jurisprudencia de conceptos [4].

Una nueva cultura, donde el centro no parece ser ya la norma, sino el individuo, y en la que el *ius hominum causa constitutum est* del texto del Digesto alcanza ecos absolutamente inéditos. Hoy —digámoslo con Villey [5]— el jurista cultiva, modela y protege los derechos subjetivos como el jardinero cuida sus plantas. De ahí la tensión entre el obrar espontáneo de la persona humana y el orden objetivo que enmarca las instituciones, al que con demasiada frecuencia se considera como una superestructura levantada a costa de la libertad, un típico instrumento de tiranía de la regla positivizada sobre la libertad.

Tal vez dos exclamaciones, pronunciadas por dos personalidades no estrictamente jurídicas, sintetizan en el tema de la familia, y del matrimonio, por tanto, lo que intento decir. La primera es el famoso grito de André GIDE: «¡Familias, os odio!» [6]. El segundo, el más reciente de JUAN PABLO II, cuando en su mensaje con motivo de la jornada mundial de la paz, volvía a repetir con especial vigor lo que tiempo antes exclamaba en la Exhortación Apostólica *Familiaris Consortio*: «Familia, ¡sé lo que eres!» [7]. Es decir, la contienda entre el individualismo exacerbado que se revuelve ante un orden objetivo que lo transciende,

---

[4] Cfr. A. HERNÁNDEZ GIL, *Metodología de la Ciencia del Derecho,* III, Madrid, 1973, pp. 22 ss.; J. VALLET DE GOYTISOLO, *Metodología jurídica,* Madrid, 1988, pp. 217 ss. Más recientemente, vid. la monumental obra del propio VALLET DE GOYTISOLO, *Metodología de la determinación del Derecho,* Madrid, 1994.

[5] M. VILLEY, «Contre l'humanisme juridique», *Archives de Philosophie du Droit,* t. XIII, 1968, p. 20. En parecido sentido, S. COTTA, «L'attuale ambiguità dei diritti fondamentali», *Rivista di Diritto Civile,* 3 (1977), pp. 225-242; A. DE LA HERA, Persona e ordinamento nel diritto sacramentale della Chiesa, en *Persona e ordinamento nella Chiesa,* Milano, 1975, p. 501.

[6] «Al atardecer, yo miraba, en los pueblos desconocidos, cómo los hogares dispersos durante el día se volvían a formar. El padre regresaba cansado del trabajo; los hijos volvían de la escuela... *Familias, ¡os odio!,* hogares cerrados, puertas cerradas; posesiones celosas de la felicidad [...]» (A. GIDE, *Les nourritures terrestres,* 1897, lib. 4, 1).

[7] JUAN PABLO II, «Mensaje con motivo de la jornada mundial de la paz», 8.XII.1993, en *D.P.,* 163/1993, p. 246.

considerándolo una forma de totalitarismo jurídico; y otra concepción del hombre en la que la tutela de su singularidad no implica el *no* al Derecho, sino más bien la búsqueda de un concepto de ordenamiento jurídico a medida, claro está, del hombre *ut singulus,* pero además, roto el cerco de la muralla que encierra al hombre como singularidad, del hombre *ut socius* [8].

En el tema que me propongo abordar, el del matrimonio y el derecho, se trata de ir a las causas del tránsito, real o aparente, de una visión institucional del mismo a una imagen desinstitucionalizada y privada de sus caracteres básicos. Si se quiere, el tránsito de estas dos percepciones contrapuestas, pero esta vez jurídicas, de la unión matrimonial. La de PORTALIS, que asume toda una tradición de siglos, para quien el matrimonio es «la sociedad de un hombre y una mujer que se unen para perpetuar su especie, ayudarse mutuamente y compartir su común destino» [9]; y la de Hans KLING, antiguo ministro sueco de Justicia, para el que el matrimonio no es más que «la unión voluntaria de dos personas independientes» [10].

La primera, no obstante su trasfondo secularizador, en realidad sintetiza la concepción que del matrimonio elaboró el Derecho canónico, la que nació «sui ginocchi della Chiesa» [11] y sobre la base, lo veremos de cerca, de una estimación más antropológica que estrictamente teológica. Es decir, no sólo del hombre como *homo religiosus* sino del hombre en cuanto tal [12]. La segunda, sustituye el primado del deber por el del derecho subjetivo, «afirmando frente al Estado un *right of marital privacy,* que se corresponde con una abstención del poder público de toda interferencia en relación con lo que deba entenderse por comunión conyugal y unidad de la familia» [13]. Un concepto

---

[8] Cfr. PIGLIARU, *Persona umana e ordinamento giuridico,* Milano, 1953, pp. 125 ss. He insistido en este dilema en mis *Estudios de Derecho matrimonial,* Madrid, 1978, pp. 260-264 y bibliografía allí citada.

[9] *Exposición de Motivos del Código Civil francés,* en la sesión del Cuerpo Legislativo del Ventoso, año IX.

[10] *Directivas a la Comisión de reforma del Derecho de familia sueco,* 1969, cit. por M. T. MEULDERS-KLEIN, «L'évolution du mariage et le sens de l'histoire: De l'institution au contrat, et au-delà», en el vol. coordinado por R. GANGHOFER, *Le droit de la famille en Europe. Actes des Journées Internationales d'histoire du droit,* Strasbourg, 1992, p. 215.

[11] O. GIACCHI, «Riforma del matrimonio civile e diritto canonico», *Jus,* 1974, p. 21.

[12] Cfr. F. D'AGOSTINO, «Introduzione», en el vol. *Famiglia, diritto e diritto di famiglia,* Milano, 1985, p. 14.

[13] L. MENGONI, «La famiglia nell'ordinamento giuridico italiano», en el vol. *La famiglia crocevia della tensione tra «pubblico» e «privato»,* Milano, 1979, p. 270.

de matrimonio modelado sobre la idea de una asociación de *partners*, ligados por un contrato; en posición de poder negociar continuamente los términos de su actuación, e incluso los términos de su disolución, según modalidades que pueden corresponder a reglas formales (contrato de matrimonio o divorcio inculpable), o regularse libremente por reglas fijadas por los propios interesados [14].

¿Cómo surgió la primera noción? ¿Qué ingredientes la han conformado? ¿De veras es una simple emanación de la historia, un segregado en trance de muerte? Sobre la segunda, ¿cuál es el proceso que ha llevado a ella? ¿Es irreversible? ¿Es la confirmación de que, en materia de matrimonio, familia y derecho, como dicen algunos, sesenta generaciones vivieron en la noche de la ignorancia, hasta que comenzó a clarear gracias a Voltaire, Rousseau y Morgan, y fue saliendo el sol, gracias a Engels y Freud?

Ya comprenderéis que las dificultades y variedad de cuestiones que plantean esas interrogantes, reclaman una respuesta en el plano teórico, técnico y vivencial, constituyendo un reto en el que me veo implicado. Un reto que exige, me parece, un tratamiento interdisciplinar, especialmente complejo en la medida que demanda una pluralidad de enfoques metodológicos. Para el arriesgado intento me estimulan unas palabras escuchadas no hace mucho en esta misma sala, y pronunciadas por ese lúcido jurista, el profesor Antonio HERNÁNDEZ GIL, que fue nuestro Presidente hasta hace bien poco: «La cura del dogmatismo, de la que tan necesitada está el saber, pasa por la interdisciplinariedad [...]. A una sociedad hipercomunicada le corresponde un conocimiento científico en alto grado de comunicación. No se trata de abdicar de las especializaciones. Al contrario, éstas son inevitables; pero a condición de que haya un intercambio a través del cual se capta el valor de las afinidades y los contrastes» [15].

---

[14] Cfr. J. COMMAILLE, «Le regolazioni della famiglia francese. Definizioni complesse dei rapporti pubblico-privato», en el vol. *Forme delle famiglie, forme del diritto: mutamenti della famiglia e delle istituzioni nell'Europa occidentale*, a cura di V. Pocar e P. Ronfani, Milano, 1991, pp. 69 ss.

[15] A. HERNÁNDEZ GIL, *De la experiencia jurídica*, Madrid, 1992, p. 62.

II. LA CREACIÓN DEL MODELO MATRIMONIAL DE OCCIDENTE

1. ANTROPOLOGÍA Y TEOLOGÍA EN LA CONCEPCIÓN CANÓNICA DEL MATRIMONIO

Es una afirmación extendida, prácticamente un lugar común, aseverar que el modelo matrimonial del que hoy vive Occidente es una creación del cristianismo y de esa su traducción en normas jurídicas que es el Derecho canónico [16]. Ésta es una gran verdad, que aquí procuraré analizar, pero que como todo lugar común exige alguna matización previa. Quiero decir, ante todo y obviamente, que el matrimonio no es una creación cristiana. Cuando los romanos, por ejemplo, por boca de ULPIANO afirmaban ya que esa *coniunctio* que llamamos matrimonio era de derecho natural, «porque era enseñada por la naturaleza a todo ser vivo sobre la tierra, en el mar o en los aires» [17]; o cuando muchos siglos después Jean CARBONNIER, nada sospechoso de iusnaturalismo, habla de él como de una institución social de base, «la más antigua costumbre de la humanidad» [18], están apuntando a una idea que el Derecho canónico ha tenido siempre bien presente: que el matrimonio, incluso como sacramento, pertenece al orden de la creación, no al de la redención.

[16] Basten estas palabras de un clásico en la materia: El matrimonio civil fue respecto al canónico «como una rama desgajada del tronco y plantada en tierra nueva», «recogiendo a beneficio de inventario buena parte de la herencia canónica». A. ESMEIN, *Le mariage en Droit canonique,* 2.ª ed., Paris, 1929, pp. 34 y 48.

[17] *Institutiones,* libro I, D.1,1,1,3.

[18] J. CARBONNIER, *Droit civil, II, La Famille,* Paris, 1989, p. 31.

Esto tiene una importancia capital para entender los rasgos que el Derecho canónico resaltó en el matrimonio, a través del proceso al que enseguida nos referiremos. Quiero decir que, en puridad, la visión que el Derecho de la Iglesia tiene y tuvo del matrimonio es primordialmente antropológica y sólo secundariamente teológica. En realidad, la Iglesia —por más que pueda sorprender esta afirmación— no tiene una concepción *propia* del matrimonio. Lo que tiene es una visión propia del hombre. De ahí que lo que la Iglesia recalcó fuese que su modelo matrimonial era tal porque se adecuaba a la propia naturaleza del hombre, es decir, al orden ontológico de las cosas. Del mismo modo, también LO CASTRO lo ha observado sagazmente [19], que en lo que concierne al sacramento de la Eucaristía lo que quiere y dispone es que el pan y el vino —que es la materia del mismo— sean verdadero pan y verdadero vino; sin que por ello pueda decirse que tenga una propia concepción de lo que *es* pan y lo que *es* vino. Desde luego, la elevación del orden natural del matrimonio al plano de la gracia es consustancial a la unión conyugal entre cristianos. Pero dicha elevación —su carácter sacramental— no impondrá un régimen jurídico *sustancialmente* diverso del perfilado por la propia naturaleza al matrimonio *ut talis* [20]. Algo que es obvio si atendemos a datos aportados por el Derecho canónico positivo.

Es sabido que, en el proceso genético de creación de un concreto matrimonio canónico, no hay la exigencia de una manifestación de voluntad matrimonial orientada precisamente a que surja el sacramento; en Derecho canónico, la voluntad matrimonial *basta* que se oriente a la realidad natural que llamamos matrimonio. Algo que se advierte en varios datos de Derecho positivo. El primero, la forma de operar la *sanatio in radice* en el matrimonio canónico, que permite a una voluntad matrimonial expresada civilmente, que ha permanecido, por tanto, extramuros del orden sacramental, producir efectos sacramentales, sin nueva declaración de voluntad, siempre que hayan desaparecido los obstáculos que comprimían un consentimiento *naturalmente suficiente* [21].

---

[19] G. LO CASTRO, «L'idea di matrimonio e i rapporti interordinamentali», en su libro *Tre studi sul matrimonio,* Milano, 1992, p. 57. Por su parte, A. DE JORIO, «Il matrimonio nel diritto canonico latino (Totius vitae communio)», en *La definizione essenziale giuridica del matrimonio,* Roma, 1980 (Atti del colloquio romanistico-canonico, 13-16 marzo 1979), p. 160, insiste en la misma idea: «La Iglesia al sublimar el matrimonio en la caridad, no pretende construir un nuevo matrimonio.»

[20] Como hace notar C. BURKE [«La sacramentalidad del matrimonio: reflexiones canónicas», *Ius Canonicum,* 67 (1994), p. 185], «los derechos/obligaciones fundamentales o constitutivos del matrimonio sacramental no son distintos de los del matrimonio natural».

[21] Cfr. LO CASTRO, *op. cit.,* pp. 57-58. Ver el c. 1.163 del CIC 1983.

Otro dato de interés es el juego de la voluntad matrimonial en el matrimonio canónico celebrado en forma extraordinaria. Según el c. 1.116, el matrimonio también sacramental, en el caso de que sean bautizados ambos cónyuges, celebrado sólo ante testigos comunes, sin necesidad de presencia activa del testigo cualificado, exige, junto a una serie de circunstancias objetivas, la subjetiva intención de «contraer verdadero matrimonio» [22]. Repárese que no se requiere la existencia de una voluntad matrimonial orientada a crear un verdadero matrimonio canónico, sino simplemente un verdadero matrimonio *tout court*. Es decir, no se exige una estricta intención sacramental, la voluntad expresa de dar vida a un matrimonio canónico, sino de poner en existencia un verdadero matrimonio según el orden natural de las cosas [23]. Con lo cual, y en síntesis, lo que quiere resaltarse es que la aportación más importante del Derecho canónico al Derecho matrimonial de Occidente —como a todo el Derecho secular— no se produjo solamente a través de conceptos jurídicos y del complejo normativo que fue elaborando, sino también, y primordialmente, a través de su propia concepción del hombre [24].

2. LA IMPORTANCIA DE LA PATRÍSTICA EN LA GÉNESIS DEL MODELO

Volvamos ahora sobre nuestros pasos para encuadrar dogmática, histórica y normativamente el proceso de creación del modelo matrimonial canónico. No sin advertir antes que sólo me voy a fijar en algunos extremos de su fascinante desarrollo, muy estudiado en su desenvolvimiento histórico [25], aunque no siempre satisfactoriamente interpretado en clave dogmático-jurídica.

---

[22] «Si haberi vel adiri nequeat sine gravi incommodo assistens ad normam iuris competens, qui intendunt verum matrimonium inire, illud valide ac licite coram solis testibus contrahere possunt [...]» (c. 1.116).

[23] Sobre este extremo, vid. I. MARTÍNEZ DE ALEGRÍA, *La forma extraordinaria del matrimonio canónico. Origen histórico y régimen vigente,* Madrid, 1994, pp. 317 ss.; J. MARTÍNEZ-TORRÓN, «La valoración del consentimiento en la forma extraordinaria del matrimonio canónico», *Revista Española de Derecho Canónico,* 40, 1984, pp. 432 ss.; R. NAVARRO-VALLS, «La forma jurídica del matrimonio en el nuevo Código de Derecho Canónico», *Revista de Derecho Privado,* 1983, pp. 1009 ss.

[24] Cfr. A. GARCÍA-GALLO, Contestación al discurso de J. MALDONADO, cit., p. 112.

[25] Sobre este punto son fundamentales las aportaciones de J. DAUVILLIER, *Le mariage dans le droit classique de l'Église depuis le décret de Gratien (1140) jusqu'à la mort de Clément V (1314),* Paris, 1933; A. ESMEIN, *Le mariage en droit canonique,* Paris, 1891; L. GO-

Naturalmente, las construcciones jurídicas matrimoniales que a lo largo de veinte siglos ha elaborado, matizado y expandido el Derecho canónico no surgieron de la nada. Encontraron su base tanto en el Derecho romano como en el Derecho judío. Pero el proceso de transformación de las categorías de uno y otro en un modelo distinto no fue un proceso de *transculturación* como hoy se entiende esta expresión [26]. Es decir, no se trató del encuentro de dos sociedades —como ocurriría más tarde entre romanos y bárbaros—, sino de la transformación de una sociedad con un doble aspecto y los mismos destinatarios [27]. El proceso fue lento porque suponía un cambio en las inteligencias y en los corazones, no por la vía del choque traumático de dos civilizaciones, sino por el camino del cambio de convicciones a través de un mensaje moral transmitido en el seno de una e idéntica sociedad.

Recordemos que, en sí mismo, el cristianismo no es una ideología, es una fe. De ahí que ante la madura cultura jurídica en que nació —la romana, enriquecida por el respeto de Roma a las otras culturas que fue asumiendo— adoptó una actitud de respeto, no de hostilidad. Absorbió lo que fue encontrando de positivo y compatible con los preceptos cristianos, tanto en Roma como en Judea [28]. No quiere esto decir que se plegara a ella. Poco a poco se demostraría la verdad de que la historia echa por tierra las pretensiones impacientes, pero alienta las largas esperanzas; y, lentamente, fue creando su propia cultura con su escala de valores específica. No fue en ella, sin embargo, el Derecho un objetivo inicialmente urgente o prioritario. En realidad, de una conceptualización del tratado canónico sobre el matrimonio —y sólo

---

DEFROY, G. LE BRAS y M. JUGIE, voz «Mariage», en *Dictionnaire de Théologie Catholique*, X, cols. 2044 ss.; E. SALDON, *El matrimonio, misterio y signo. Del siglo I a San Agustín*, Pamplona, 1971; T. RINCÓN, *El matrimonio, misterio y signo. Siglos IX al XIII*, Pamplona, 1971; J. GAUDEMET, *El matrimonio en Occidente*, trad. española, Madrid, 1993. Ha sido especialmente este último el que ha estudiado con particular atención la aportación del Derecho Canónico a la construcción del matrimonio occidental.

[26] Cfr. J. M.ª GONZÁLEZ DEL VALLE, *Derecho canónico matrimonial*, 3.ª ed., Pamplona, 1985, p. 13. Por aculturación o transculturación se entiende el injerto de una cultura en otra, de modo que se produce —normalmente por vías doctrinales más que por canales populares— unos determinados efectos tanto sobre las instituciones como sobre los propios individuos. Una aproximación al concepto de aculturación en el marco jurídico, vid. en J. CARBONNIER, *Sociología jurídica*, trad. de L. Díez-Picazo, Madrid, 1977, pp. 135 ss.

[27] Cfr. J. GAUDEMET, «La aportación de la doctrina canónica a los derechos occidentales en relación al matrimonio», en *Libertades fundamentales y sistema matrimonial*, Ponencias al V Congreso Internacional de Derecho Eclesiástico, vol. 1, Pamplona, 1990, p. 2.

[28] Sobre la noción de cultura jurídica, aplicada a la canónica, vid. R. SOBANSKI, «Diritto canonico e cultura giuridica», en el vol. *Scienza giuridica e Diritto canonico*, a cura de R. BERTOLINO, Torino, 1991, pp. 123 ss.

incipiente—, no se puede hablar hasta el siglo V y antes del XI-XII no se dará una verdadera *madurez*. Sin embargo, en esos siglos primeros se perfiló algo que orientaría toda la posterior elaboración jurídica del matrimonio occidental. Es decir, lo que hoy llamaríamos los «valores culturales», el entramado moral que luego posibilitaría una verdadera cultura jurídica, también matrimonial.

Permítaseme en este punto un inciso. Los conceptos y el desarrollo racional de la doctrina de los primeros siglos desconoce la división posterior de las ciencias. Durante la primera etapa, el tratado de justicia, el del matrimonio etc., aparecen en estudios jurídico-moral-filosóficos, difícilmente encuadrables en las coordenadas de la especialización actual. De otro lado, los juristas solemos pasar con cierta precipitación, cuando no con cierta incomodidad, sobre lo que hemos dado en llamar «prejurídico», lo no formalizado aún en normas; ese conjunto de costumbres, convicciones morales y movimientos de opinión que, tras un proceso de incubación, de pronto estalla en las leyes. Es éste un error de perspectiva que suele traer como inevitable secuela por parte de los juristas ir un tanto a remolque de los acontecimientos sociales[29]. Para abarcar el proceso de formación *jurídica* del matrimonio occidental no debemos fijar casi en exclusiva la atención en los siglos de plenitud y de monopolio legal, descuidando o minusvalorando los siglos de gestación moral. Es decir, los siglos en que AMBROSIO, JERÓNIMO y, sobre todo, AGUSTÍN en Occidente y BASILIO o JUAN CRISÓSTOMO en Oriente elaboraron toda una antropología matrimonial, con el intento de enseñar un modo, si no totalmente nuevo, sí mejor de ser hombres.

En este sentido, comparto la opinión de Jean GAUDEMET cuando recalca la importancia que la literatura Patrística tuvo en la creación, también jurídica, del modelo matrimonial de Occidente: «Esa literatura —nos dice— importa al jurista por una doble razón. En primer lugar, propone un ideal de vida que, aunque sea seguido de manera imperfecta, guía la práctica e inspira al legislador. Con frecuencia, esos textos brindan testimonios acerca de la vida cotidiana; por ello, merecen la atención de los historiadores. Además, desde la época carolingia, numerosos pasajes de los Padres fueron recogidos por las colecciones canónicas. Así "canonizados", tomaron el valor de normas

---

[29] Ya hace siglos PLATÓN describía así —en su vertiente negativa— el fenómeno que apunto en el texto: «Primero nos va penetrando sin darnos cuenta el menosprecio por la ley moral en el arte y la música, bajo la forma de un juego inocente y agradable. Poco a poco va infiltrándose en los usos y costumbres, y, de súbito, todo esto brota desvergonzadamente en las leyes y decretos» (*República,* 424 d).

jurídicas. La importancia de la patrística, por consiguiente, rebasó ampliamente el período de los dos siglos que conocieron su auge» [30].

3. LA INFLUENCIA DEL DERECHO ROMANO

Pero antes de seguir adelante, y resaltar el influjo del Derecho canónico sobre la noción de matrimonio que hoy conoce Occidente, me parece de justicia dar a cada uno lo suyo, y aludir también a la aportación de Roma.

Autorizadamente se ha dicho que si un ciudadano romano despertara de un sueño de dos milenios, «acaso el diálogo menos lleno de sorpresas que podría mantener con nosotros sería el relativo a grandes sectores del derecho. Por ejemplo, podríamos hablar en un lenguaje compartido, sin perjuicio de lagunas, diferencias dialectales o de simples modismos, de la posesión, el usufructo, la herencia, el pago de obligaciones, etc.» [31]. ¿Pasaría lo mismo con el matrimonio? Sí y no. *Sí,* porque, como veremos en la segunda parte de este trabajo, la erosión que actualmente sufre el modelo cuya fase de gestación jurídica estamos ahora analizando es tan intensa que, en algunas zonas geográficas, parece volverse a un paradigma que Occidente superó hace siglos [32]. Y *no,* porque las características del matrimonio europeo-americano, tal y como aún hoy se plasma en las leyes y todavía mayoritariamente se vive en los hechos, es claramente disímil del modelo vivido en la Roma clásica y el moldeado por su legislación.

Esto último, naturalmente, no es una afirmación gratuita que se haya hecho lugar común por el repetido martilleo de los especialistas en Derecho canónico, sino la constatación de un dato pacífico entre los propios romanistas. Como señala D'ORS: «Mientras que es innegable una continuidad entre el Derecho romano y la tradición jurídica europea hasta nuestros días en todo lo referente al derecho de obligaciones, de propiedad e incluso de sucesiones, no cabe decir lo mismo

---

[30] J. GAUDEMET, *El matrimonio en Occidente,* cit., p. 65.

[31] A. HERNÁNDEZ GIL, *De la experiencia jurídica,* cit., p. 25.

[32] Por ejemplo, refiriéndose a la actual noción de divorcio, dice J. A. SOUTO [«Matrimonio y experiencia jurídica», *Anuario de Derecho Eclesiástico del Estado,* I (1985), p. 389]: «La nueva legislación divorcista parte, pues, de un concepto más próximo al matrimonio romano que al matrimonio canónico [...]. La contradicción, sin embargo, reside en que la legislación reformista se inspira en el matrimonio romano para regular la disolución del matrimonio, mientras conserva la influencia canónica, por lo que se refiere a la constitución de la relación matrimonial y a la propia naturaleza del matrimonio como contrato consensual formal.»

respecto al "derecho matrimonial romano" o, en general, al derecho de familia. El modelo del Derecho matrimonial europeo, su derecho clásico, no es ciertamente el derecho romano, sino el canónico. Si a veces los juristas medievales —y de modo especial los canonistas— invocan ideas o principios procedentes del sistema matrimonial romano, ello se debe, no a que consideren su nuevo derecho matrimonial como continuación del romano, sino más bien al intento de dar legitimidad, por vía de tradición, a algunos aspectos de este nuevo derecho matrimonial. Así pues, no existe una auténtica recepción del sistema matrimonial romano, sino sólo una simple invocación de algunos principios del mismo —incluso a veces no comprendidos, cuando no tendenciosamente interpretados— que podrían servir de apoyo al nuevo matrimonio canónico» [33].

¿Significa esto que deberemos considerar el matrimonio romano como una especie de «dinosaurio jurídico» [34], sin vinculación alguna con el matrimonio de los Derechos modernos?

Evidentemente no. El Derecho romano aportó cosas bien definidas, tanto de la estructura del matrimonio, tal y como hoy se regula en Occidente, como de la formulación técnica de dicha estructura. Ejemplo de lo primero —que el modelo matrimonial cristiano asumiría— fue la sustitución del difundido sistema del matrimonio *por etapas* por otro concluido en un solo tiempo. Al aparecer el cristianismo, el modelo matrimonial más extendido era el que se gestaba a través de un proceso de progresión en el tiempo. Incluso el inicial *hábitat* donde el mensaje cristiano se difunde —un pueblo semita: el judío— rechazaba el sistema de matrimonio como un *fiat* para adoptar el que enlazaba varios actos como condición *sine qua non* para su validez [35]. La verdad

---

[33] X. D'Ors, «Principios y criterios fundamentales de estructuración del sistema matrimonial en el Derecho romano», en el vol. cit. *Libertades fundamentales y sistema matrimonial,* p. 1. Vid., también, J. Iglesias, *Derecho romano. Historia e Instituciones,* 10.ª ed. revisada con la colaboración de J. Iglesias-Redondo, Barcelona, 1990, p. 517; A. Fernández Barreiro y J. Paricio, *Fundamentos de Derecho patrimonial romano,* Madrid, 1991, p. 160; A. Berger, voz «Matrimonium», en *Encyclopedia Dictionary of Roman Law,* Philadelphia, 1953; M. García Garrido, «La convivencia en la concepción romana del matrimonio», en *Libro homenaje al profesor Giménez Fernández,* Sevilla, 1967, pp. 36 ss.; R. Orestano, *La struttura giuridica del matrimonio romano,* 1951.

[34] La expresión es de J. A. Arias Bonet, *El matrimonio en el Derecho romano,* Madrid, 1962, p. 4.

[35] Sobre las características del matrimonio por etapas de la época evangélica en Judea —que todavía hoy mantiene vestigios en el matrimonio judío, con la distinción en su momento de celebración entre *kiddushin, nissuin* y *ketubbah*—, vid. M. López Alarcón y R. Navarro-Valls, *Curso de Derecho matrimonial canónico y concordado,* 5.ª ed., Madrid, 1994, pp. 469 ss.; G. Prader, *Il matrimonio nel mondo,* 2.ª ed., Padova, 1986, pp. 320 ss.

era que, en dicho contexto, el matrimonio romano —que nacía de un solo acto consensual— era más bien una excepción. El Derecho canónico lo adoptó, y lo difundió en Occidente [36].

De mayor trascendencia para la estructura esencial del matrimonio fue la concepción monógama que del mismo tuvo Roma; en un contexto donde con alguna frecuencia la poligamia —en su versión de poliginia— era una forma no tan excepcional de configurar las uniones matrimoniales. Esa visión fue, desde luego, coincidente con la cristiana. Lo cual no significa, como enseguida veremos, que la monogamia tuviera idéntico sentido técnico-jurídico en la concepción romana que en la canónica clásica; pero sí en su *esencialidad* permitió que los esfuerzos canónicos se trasladaran a ganar la batalla de la indisolubilidad, sin necesidad de insistir demasiado sobre la monogamia, habitual ya en el contexto del Derecho romano.

Por lo demás, parece innecesario insistir aquí en cómo la superior técnica jurídica romana trasfundió, al primero incipiente y más tarde maduro Derecho canónico, todo un acervo de nociones técnicas, principios legales y vocabulario jurídico que permitió un fortalecimiento de las estructuras canónicas de base a través del prestigio de la técnica romana [37]. Y descendiendo al plano de las concretas instituciones, no conviene olvidar que, a veces, no es fácil dictaminar, sin que quede en el horizonte una sombra de duda, cuál de las dos influencias, la romana o la canónica, ha sido la decisiva a la hora de la configuración técnica de una concreta solución jurídica [38]. Piénsese, por ejemplo, en la netamente romana legitimación por subsiguiente matrimonio, extraña a los derechos consuetudinarios medievales, insertada en el Derecho

[36] Sobre este punto, J. GAUDEMET (*El matrimonio...*, cit., p. 37) observa que «la historia y el Derecho comparado muestran que a esta pregunta [acerca de la celebración del matrimonio] se han aportado dos respuestas: o bien el matrimonio se concluía en un solo acto, o bien el vínculo se establecía progresivamente, "por etapas". La primera forma es la originalidad del matrimonio romano. El Derecho canónico la adoptó con posterioridad. A través del Derecho canónico, pasó a la casi totalidad de las legislaciones occidentales, así como a las que, a lo ancho del mundo, han seguido su ejemplo. El matrimonio por etapas, por el contrario, fue el más difundido en la antigüedad. Es el propio de las legislaciones semíticas, del mundo musulmán, de las tradiciones africanas y de poblaciones del Pacífico. El caso romano-canónico es, pues, un caso único. Solamente la excepcional difusión de que gozó lo ha hecho aparecer ante nuestros ojos como si fuera el régimen normal o, como algunos llegan a decir, "natural".»

[37] Cfr. J. MALDONADO, *Curso de Derecho canónico para juristas civiles. Parte general*, 2.ª ed., Madrid, 1970, pp. 253 ss.

[38] Lo cual es especialmente perceptible en la tradición jurídica angloamericana, como ha puesto de manifiesto J. MARTÍNEZ-TORRÓN, *Derecho angloamericano y derecho canónico. Las raíces canónicas de la common law*, Madrid, 1991, pp. 45 ss.

canónico a través de decretales de ALEJANDRO III y de ahí trasladada a los Derechos modernos[39].

4. TIPO LEGAL Y MODELO IDEAL EN EL MATRIMONIO ROMANO

Centrémonos ahora en lo que también constituye un tributo de la justicia a la verdad histórica. Me refiero a la paulatina transformación del modelo matrimonial romano, no sólo en otra *forma* de matrimonio sino en otra *clase* de paradigma histórico. Para ello, tal vez no sea innecesario sintetizar el tipo de matrimonio *legal* con que el cristianismo se encontró al irrumpir en la historia.

Insisto en el tipo *legal*, porque sería faltar a la verdad histórica confundir tipo legal romano con tipo *ideal* romano. Quiero decir, que las características típicas del matrimonio romano clásico incluían también el esfuerzo de vivir el compromiso matrimonial más allá de la trivialización o banalización que, quizá, se reflejaba en las leyes. En este sentido, por ejemplo, son ilustrativos dos textos de CICERÓN y VALERIO MÁXIMO[40] sobre el modelo de felicidad romana, personificada en un tal QUINTUS CAECILIUS METELLUS, hacia la mitad del siglo II antes de Cristo, al que la Providencia prodiga sus dones: «nace ciudadano romano en una familia noble con padres excelentes; era un hombre bien parecido y de alma grande y noble; su mujer era casta y fecunda; fue cónsul, *imperator* y augur; encontró para sus tres hijas maridos excelentes y sus numerosos nietos le subían por las rodillas». Como concluye PETER[41], puede decirse que también en Roma —no obstante la panorámica legal que describiremos enseguida— el matrimonio ideal era «el de un lazo eterno y sagrado cuya finalidad era engendrar hijos».

5. EL CONSENTIMIENTO CONTINUADO EN EL MATRIMONIO ROMANO-CLÁSICO

Ante todo, no está de más precisar que al hablar de «matrimonio romano» nos estamos refiriendo aquí al de la época arcaica y clásica,

[39] Cfr. J. GAUDEMET, «Il diritto canonico nella storia della cultura giuridica europea», en *Scienza giuridica e Diritto canonico,* Torino, 1991, p. 6.

[40] CICERÓN, *De finibus bonorum et malorum,* 5.27; VALERIO MÁXIMO, *Factorum et dictorum memorabilium,* 7.7.1.

[41] O. PETER, «L'image idéale du mariage et de la filiation à Rome», en el vol. cit. *Le droit de la famille en Europe,* p. 372.

no a esa otra modalidad de matrimonio, que ya no es estrictamente romano sino cristiano, al venir sustancialmente modificado por la legislación matrimonial de los emperadores a partir de CONSTANTINO. Nótese, además, que el primero no es un todo homogéneo. En él[42] hay que distinguir dos modalidades matrimoniales cuya línea de demarcación resalta el fenómeno secularizador que se opera a partir del Principado.

Hasta este momento el *matrimonium confarreatum,* en el que la *confarreatio* en realidad era una forma de entrada de la mujer en la familia del marido y de adquisición de la *manus* por parte del esposo, va a tener una clara intencionalidad jurídica en los que hoy denominaríamos los momentos constitutivo y extintivo del matrimonio. Es decir, su celebración se asocia a ceremonias solemnes de trasfondo religioso, producirá efectos jurídicos y sociales definidos, y su extinción exigirá la intervención jurídica, al plantearse como tendencialmente perpetuo. Sin embargo, a partir del Principado, se produciría un proceso de desjuridificación asociado a un paralelo proceso secularizador que lo transforma en una pura relación fáctica, fundada sobre la cohabitación y el *consensus* continuado. Una especie de posesión, un negocio privado cuya suerte queda sustraída a cualquier control social y diferida al puro juego de la autonomía privada[43]. Este matrimonio no creará estrictamente un vínculo jurídico entre los cónyuges; y, por tanto, esta situación fáctica podrá ser interrumpida, también por vía de hecho, en cualquier momento, al contrario de la *confarreatio* que exigía, al menos, el acto de la *diffarreatio.* De modo que al igual que no existirían en puridad actos jurídico-oficiales de matrimonio, tampoco existirían litigios de divorcio. Incluso, durante mucho tiempo, los juristas no se preocuparían por la suerte que corrieran los hijos. Así, por ejemplo, «hubo que esperar una constitución del año 293 para que se confiase al juez el cuidado de determinar si se otorgaba al padre o a la madre la custodia de los hijos varones (de las hijas nada se dice) y a quién le incumbía la carga del mantenimiento»[44].

Nos encontraríamos así con una concepción de matrimonio ciertamente original y sorprendente. Original, porque la propia noción de consentimiento continuado, es decir, no pacticio, no generador de vínculo jurídico alguno, contrastaría con ese valor causativo del víncu-

---

[42] Sigo en este punto la clara exposición de D'ORS, *op. cit.,* pp. 5 ss. Ver también la exposición histórica que hace A. TORRENT, *Manual de Derecho Privado romano,* Zaragoza, 1987, pp. 527 ss

[43] Cfr. D. LEITE DO CAMPOS, «La desinstitutionalisation du mariage», *Anales de Ciencias Sociales y Económicas de la F. F. Valls i Taberner,* 1992, p. 52.

[44] J. GAUDEMET, *El matrimonio en Occidente,* cit., p. 53.

lo que el consentimiento matrimonial ha tenido en prácticamente todos los ordenamientos; también en los coetáneos al romano-clásico. Y sorprendente, porque esta «devaluación» matrimonial, esta visión desistitucionalizadora acaecería precisamente en el momento en que el genio jurídico romano alcanzaría su cota de madurez máxima [45]. Y sin embargo, después de los trabajos de MANENTI [46], VOLTERRA [47] y ORESTANO [48] sería ilógico entender que no fuera ése, efectivamente, el modelo matrimonial con que el cristianismo hubo de enfrentarse durante siglos. Por más que desde algún sector de la doctrina romanística se haya objetado a tal planteamiento [49]. Es decir, un modelo en el que los elementos claves serían el establecimiento de hecho de la convivencia (ya fuera en su sentido constitutivo, como sostiene MANENTI, o simplemente demostrativo de la existencia del consentimiento, como mantiene VOLTERRA) y el *consensus,* que la tiene por objeto, y que asume el nombre y el carácter de *affectio maritalis.* Ambos elementos entendidos —en todo caso— en sentido continuativo [50].

6. DEL CONSENTIMIENTO CONTINUADO AL CONSENTIMIENTO PACTICIO CANÓNICO

Lo primero que conviene señalar ahora es que la propia inexistencia de formalidades *ad substantiam* para la constitución del matrimonio romano llevó al cristianismo a adecuarse a las *formas* rituales sin especiales dificultades. De ahí que, por ejemplo, el velo de la esposa, anillo nupcial, la *deductio in domum mariti* etc., sean habitualmente utilizadas por los cristianos para la constitución de sus matrimonios [51]. Sin embargo, silenciosamente y bajo las formas de esa singular con-

---

[45] Cfr. U. NAVARRETE, «Il matrimonio nel diritto canonico. Natura del consenso matrimoniale», en el vol. *La definizione essenziale giuridica del matrimonio,* Roma, 1980 (Atti del colloquio romanistico-canonico, 13-16 marzo 1979), pp. 130-131.

[46] MANENTI, *Dell'inapponibilità di condizioni ai negozi giuridici ed in specie delle condizioni apposite al matrimonio,* Siena, 1889, pp. 42 ss.

[47] E. VOLTERRA, *La conception du mariage d'après les juristes romaines,* Padova, 1940, pp. 45 ss.; ídem, «Consensus facit nuptias», en el vol. *La definizione essenziale...,* cit., pp. 44 ss.

[48] ORESTANO, *La struttura giuridica del matrimonio romano,* cit.

[49] Vid., por ejemplo, las observaciones de O. ROBLEDA, «La definizione del matrimonio nel diritto romano», en el vol. cit. *La definizione essenziale...,* pp. 29 ss.

[50] Sobre el sentido y origen de la *affectio maritalis* en el matrimonio romano, vid. D. QUARTUCCIO, «Sull'origine dell'affectio maritalis», *Labeo,* 24 (1978), pp. 51 ss.

[51] Cfr. L. DUCHESNE, *Origines du culte chrétien,* Paris, 1909, p. 441.

cepción matrimonial, la teología cristiana primero y la doctrina jurídico-canónica después operaría un cambio sustancial que transmutaría por completo el sentido de los términos jurídicos.

Como es sabido, el *consensus facit nuptias* es un brocardo de ULPIANO insertado en el Digesto, que es utilizado para solucionar un problema de derecho hereditario en el supuesto de legado instituido a favor de una mujer, para el caso de que su entrada en la familia se haya producido por vía matrimonial. ULPIANO se plantea la cuestión en estos términos: ¿la condición se cumple aun cuando no haya habido relaciones sexuales entre los esposos? Su respuesta es concluyentemente afirmativa, pues « no son las relaciones sexuales sino el consentimiento el que crea el matrimonio» [52]. Prescindiendo ahora de la repercusión que esta expresión tendrá más adelante en la disputa entre GRACIANO y LOMBARDO respecto a la naturaleza real o consensual del negocio matrimonial, lo que ahora interesa destacar es que estas palabras de ULPIANO —acogidas sin dificultad por el Derecho canónico— sufrirán un cambio tan profundo en la visión cristiana del matrimonio que esa misma formulación en la legislación justinianea expresará un concepto diverso del mismo. Como se ha dicho, «un típico caso en el que tres palabras tienen un valor en Derecho clásico y otro, diferente, en boca de los compiladores justinianeos» [53].

Antes, sin embargo, de que JUSTINIANO comience a asumir el carácter constitutivo y no simplemente continuativo del consentimiento matrimonial —todavía no con todas sus consecuencias, porque aún la indisolubilidad no se insertará con todo su vigor en el matrimonio post-clásico—, ya AMBROSIO DE MILÁN hablará de la *pactio coniugalis* que «hace» el matrimonio, el cual una vez instaurado y aun siendo convencional en sus orígenes, quedará extramuros de la voluntad de los cónyuges, quienes no podrán hacerlo cesar [54].

Conviene notar esta metamorfosis del *consensus facit nuptias* porque, en mi opinión, es el *punctum dolens* para entender todas las res-

---

[52] Dig. 35.1.15 y 50.17.30.

[53] E. VOLTERRA, «Consensus facit nuptias», cit., p. 56. Lo cual no quiere decir que, aparte del cristianismo, no influyeran también otros factores, aunque con una intensidad mucho menor, en el afianzamiento del consentimiento inicial sobre el continuado. Así, por ejemplo, se ha observado un cierto influjo sobre el Derecho romano clásico de los derechos orientales y más en concreto del Derecho griego, en el que el matrimonio era considerado como un contrato y el consentimiento tenía un valor inicial y no simplemente continuativo. Sobre este punto, VATIN, *Recherches sur le mariage et la condition de la femme mariée à l'epoque hellenistique,* Paris, 1970, pp. 25 ss., citado por M. I. NÚÑEZ, *Consentimiento matrimonial y divorcio en Roma,* Salamanca, 1988, p. 41.

[54] Cfr. J. GAUDEMET, *El matrimonio en Occidente,* cit., p. 73.

tantes modificaciones jurídicas que introducirá el cristianismo, girando a su alrededor, como en una constelación, muchas de las consecuencias más importantes. Repárese, por ejemplo, que la progresiva formulación de la indisolubilidad matrimonial será posible —siempre desde el punto de vista jurídico— cuando el *consensus* continuado pasa a ser *pacticio*, esto es, la base de un vínculo jurídico; no el simple vehículo más o menos continuativo de una situación fáctica [55].

Desde luego hubo cierta exasperación consensualista —que se ha calificado de «tiranía doctrinal» [56]—; un fenómeno que influye en el retraso de la potenciación jurídica de la forma. Pero esto no contradice el que desde muy pronto la doctrina canónica defendiera lo que constituía la base pacticia del matrimonio a través de una serie de formas rituales con una significación *incoativamente* jurídica, como el medio más idóneo para insertar, a través de la publicidad de ese consentimiento, el matrimonio en el contexto social y eclesial. Esto no significa —lo veremos al analizar la aportación del Derecho canónico en materia de forma— que la Iglesia lograra *enseguida* formalizar el consentimiento a través de la proscripción de los matrimonios clandestinos. Es bien sabido que sólo se logrará en Trento. Pero igualmente hay que reconocer que la tutela del consentimiento a través del matrimonio *in facie Ecclesiae* va a ser la norma y el matrimonio clandestino la excepción.

---

[55] Naturalmente, la indisolubilidad del matrimonio cristiano tiene una base escriturística, que fue más determinante que el simple dato jurídico del cambio de visión del consentimiento. Lo que quiero hacer notar en el texto es que el instrumento jurídico del que se valió fue la noción de *foedus* o *pactio* como gestante de un vínculo que se independiza de la voluntad de los contrayentes.

[56] «La doctrina del *solus consensus* [...] ejercía en Occidente una tiranía doctrinal, que una y otra vez llevaba al absurdo en la práctica matrimonial de la Iglesia consolidando la clandestinidad»: E. CORECCO, «Die Lehre der Untrennbarkeit des Ehevertrages vom Sakrament im Lichte des scholastischen Prinzips "Gratia perficit, non destruit naturam"», *Archiv für Katholisches Kirchenrecht*, 143 (1974), p. 435. Como es sabido, la consolidación en Derecho canónico del que luego se llamará «prejuicio consensualista» se producirá con la respuesta del Papa Nicolás I en 866 a ciertas consultas búlgaras (texto en MANSI, XV, p. 402). Frente a las opiniones representadas por misioneros orientales, según las cuales para un matrimonio válido también se requería la aprobación de los padres y sobre todo la bendición del sacerdote, Nicolás afirmaría basándose en las leyes romanas que basta con el consentimiento de ambos cuyo matrimonio se trata... Así, aunque haya celebración formal y aunque no haya consumación, el solo consentimiento determina el matrimonio. Sobre este punto, R. WEIGAND, «Desarrollo y triunfo del principio del consentimiento en el Derecho matrimonial de la Iglesia», en *Estudios jurídico-canónicos conmemorativos del Primer Cincuentenario de la Facultad de Derecho Canónico en Salamanca (1940-1989)*, Salamanca, 1991, pp. 359 ss.

7. LA CONFIGURACIÓN CANÓNICA DE LOS IMPEDIMENTOS MATRIMONIALES Y VICIOS DEL CONSENTIMIENTO

El consentimiento en el Derecho canónico, aparte de su paulatina transformación en pacticio desde la inicial visión continuativa romana, tendrá todavía otra vertiente que será decisiva para la propia noción de nulidad de matrimonio y, consiguientemente, de los vicios consensuales que en ella influirán. Decisiva no sólo en su elaboración conceptual, sino por la trascendencia que luego tendrá en la construcción del matrimonio en Occidente. Me refiero especialmente a la calificación del matrimonio como contrato consensual y no real.

La peripecia histórica que condujo a esta calificación— luego desvirtuada en su verdadero significado terminológico y sustancial— es bien conocida y no parece necesario insistir aquí sobre ella [57]. Solamente conviene dejar constancia de dos datos. El primero es que al inicio de la definitiva construcción matrimonial, en la época clásica del Derecho canónico, todavía puede hablarse de enfrentamiento entre dos concepciones diversas del matrimonio, esto es, entre dos tradiciones distintas. Una prolongaba la línea histórica consolidada por Nicolás I —de raíz romana—, implicando una visión vigorosamente consensualista del matrimonio. Otra, sin minusvalorar la trascendencia del consentimiento, combinaba costumbres germánicas con antiguas concepciones judías, que hundían sus raíces en la «una caro» del Génesis, considerando la consumación del acto conyugal como condición perfeccionativa del matrimonio. Y curiosamente serían los teólogos (HUGO DE SAN VÍCTOR, PEDRO LOMBARDO, INOCENCIO II, etc.) los que defenderían con más constancia un principio de raíz jurídica, el consensualista, frente a juristas de tanta talla como GRACIANO que se inclinaron abiertamente por las tesis de la consumación. Aunque también pudiera entenderse que, en realidad, los seguidores de la escuela de Bolonia estarían haciendo un planteamiento más jurídico que sus contradictores de la escuela de París. Sobre todo si se tiene en cuenta que, habituados a los esquemas del Derecho romano, tal vez no fuera para ellos fácil concebir un contrato en el que a los acuerdos de voluntades no siguiera una actuación material (la entrega de la cosa) como solía ocurrir con otros contratos; para un teólogo, en cambio, podría entenderse más fácil la conceptuación de una obligación como exclusivamente ligada a un definitivo acto de voluntad comprometedor.

---

[57] Cfr. G. LE BRAS, *Dictionnaire...*, cit., col. 2184 ss.; RINCÓN, *op. cit.*, pp. 67 ss.; J. DAUVILLIER, *Le mariage*, cit., p. 5; LÓPEZ ALARCÓN y NAVARRO-VALLS, *op. cit.*, pp. 56 ss.; E. VITALI y S. BERLINGÓ, *Il matrimonio canonico*, Milano, 1994, pp. 7 ss.; V. REINA, *El consentimiento matrimonial*, Barcelona, 1974, pp. 17 ss.

El segundo dato a resaltar es que la paz en el enconado debate no llegará hasta que los canonistas —por la vía de la transacción— convergen con los teólogos. Sin minusvalorar la trascendencia de la *copula carnalis,* ALEJANDRO III en una decretal dirigida al Arzobispo de Salerno [58] reafirma el valor constitutivo del consentimiento. Lo que más tarde confirmará INOCENCIO III [59], y sucesivamente, entre otros, BERNARDO DE PAVÍA [60] y el HOSTIENSE [61].

Recordado lo bien conocido, veamos la trascendencia que tendrá en la elaboración de la nulidad matrimonial y de los vicios del consentimiento, tal y como lo absorbió el Derecho occidental moderno. Para entender este extremo conviene resaltar ante todo que aunque el Derecho romano no desconocía la categoría jurídica de la nulidad del matrimonio, nunca acuñó una terminología rigurosa ni elaboró con claridad una teoría general de las causas de nulidad. Sin embargo, cuando la tesis consensual definitivamente se impuso en el Derecho canónico clásico, la propia dinámica del proceso obligó a profundizar en la fuerza constitutiva del consentimiento pacticio y de los obstáculos que podían debilitarlo hasta hacerlo insuficiente o inexistente. Así, a la categoría de la inexistencia (aun no denominada de esta forma por la canonística clásica, pero implícita en la construcción) en el consentimiento *jocandi causa* o en el matrimonio del *furiosus,* sucesivamente fueron añadiéndose los supuestos de vicio consensual como la *vis metuve* y el *error,* tanto en sus modalidades invalidantes (sobre la persona en su identidad física y sobre la condición de servil) como no suficientes para descalificar el consentimiento prestado (sobre la fortuna o sobre las cualidades de la persona) [62].

Pero la nulidad matrimonial no girará exclusivamente en el Derecho canónico clásico sobre ese gran protagonista del matrimonio que es el consentimiento, también la completará toda una propia elaboración de la capacidad para contraer matrimonio, es decir y en su versión negativa, de los impedimentos que inhabilitarán a la persona para celebrar justas nupcias. Y una vez más habremos de contraponer aquí la concepción romana con la canónica. En realidad —repitámoslo de nuevo— el matrimonio en Roma era un *factum* que no exige estrictamente una capacidad natural para contraerlo. Lo que en nues-

---

[58] X, 4.4.3.

[59] X, 4.1.25.

[60] *Summa decretalium,* lib. IV, t. IV (ed. LASPEYRES, p. 145).

[61] *Summa aurea,* lib. IV, Rub. *De matrimoniis,* 31 (ed. Lyon, 1537, folio 198).

[62] Sobre este punto, J. GAUDEMET, *La aportación de la doctrina canónica a los Derechos occidentales en relación al matrimonio,* cit., pp. 27 ss.

tras categorías dogmáticas llamaríamos capacidad, en Roma era una simple *posibilidad* abierta a quien, gozando del *connubium,* superponía en los términos ya vistos un consentimiento matrimonial. El cristianismo supuso una auténtica revolución social —en la que la proclamación de la igualdad radical entre los hombres será un dato de singular importancia—, que tuvo su inevitable influjo en la propia concepción del *ius connubii.* Éste se conceptuará —permítasenos utilizar una terminología para entonces desconocida, pero implícita en su trasfondo— como un derecho fundamental abierto a todos y que inevitablemente supondrá una modificación radical de la manera de considerar las incapacidades para contraer. Es decir, no serán el resultado de la inexistencia de un *connubium,* sino la consecuencia de una prohibición que siempre habrá que interpretar restrictivamente[63].

Sin embargo, no está nada claro que a lo largo del primer milenio la existencia en un concreto matrimonio de un impedimento de la entidad de lo que con el tiempo se denominaron *dirimentes,* implicara lo que hoy calificaríamos de nulidad del matrimonio: más bien se aplicaba la separación o disolución de algo irregular. Esto solamente acaecerá a partir del siglo XI-XII, cuando la propia noción de nulidad se perfila como una categoría autónoma y diversa de la separación o la disolución. En todo caso —y a lo que ahora interesa— la noción de impedimento en su acepción actual será una creación canónica que completará el ciclo de las condiciones para un matrimonio válido, cuando a consentimiento y capacidad —entendida en el sentido aludido— se añada la formalización del consentimiento.

8. EL FORTALECIMIENTO DE LA MONOGAMIA

Es un dato contrastado en todas las fuentes que el matrimonio romano era monógamo. La poligamia de algunos sistemas culturales vecinos tropezaría en Roma con tal rechazo social que la hizo jurídicamente inviable. No puede por tanto decirse que el cristianismo

---

[63] Como observa IGLESIAS FERREIROS («Uniones matrimoniales y afines en el Derecho histórico español», *Revista de Derecho Notarial,* jul.-dic., 1974, pp. 96-97), «en Roma el matrimonio aparece en una sociedad que desconoce la capacidad natural para contraerlo, reservando esa posibilidad a quienes gozando del *conubium* [cfr. VOLTERRA, «Matrimonio (diritto romano)», *NDI,* 10, 332] expresaban un consentimiento matrimonial. Con el cristianismo el matrimonio deviene institución abierta a todos, que todos pueden contraer. Ello llevó a una modificación radical de la manera de considerar las incapacidades para contraer. Ahora no son el resultado de la inexistencia de un *connubium,* sino resultado de una prohibición.»

aportara la monogamia a la concepción occidental del matrimonio. Sobre todo si se piensa que, en la época de Cristo, tampoco el derecho hebreo planteaba demasiados problemas en este punto, pues la visión monógama implícita en el Cantar de los Cantares había ganado de hecho la partida a los concretos casos descritos en otros libros del Antiguo Testamento relacionados con la poligamia de algunos patriarcas y reyes [64].

Dicho esto, conviene añadir que en Roma la monogamia no tenía idéntico perfil técnico-jurídico al que posteriormente tuvo el matrimonio cristiano, tal y como el medievo lo lega a Occidente. Es decir, también en este punto cabe hablar de aportaciones del Derecho canónico respecto al Derecho romano. Para el Derecho romano, efectivamente, era impensable inicialmente el delito de bigamia. La propia consideración fáctica del matrimonio impedía el planteamiento de situaciones calificables de bigamia. Entre otras razones, porque la simultánea convivencia con dos personas implicaba inmediatamente la ausencia de la honorabilidad social requerida, y el abandono del cónyuge para iniciar la convivencia con otra persona implicaba la disolución del primer matrimonio y el inicio del nuevo [65].

Posteriormente —y sin que la doctrina concuerde en el momento exacto en que esto ocurre [66]— la bigamia se independiza tanto del adulterio como del estupro, constituyendo un delito autónomo. En todo caso, debió de ocurrir en algún momento del derecho postclásico, es decir, cuando la influencia cristiana ha transformado ya el consentimiento continuado en pacticio. Como se ha hecho notar, «en tal nueva concepción, la bigamia no sólo fue posible, sino que su posibilidad era una exigencia lógica del ordenamiento jurídico: si el consentimiento no se entendía como sosteniendo el ser del matrimonio en cada momento al darse un nuevo consentimiento el primer matrimonio no decaía, es decir, no se disolvía por ese mero hecho; era necesario un acto de consentimiento contrario, en orden a disolverlo. De no tener lugar previamente tal acto contrario, el nuevo consentimiento era un atentado al principio de monogamia: constituía el delito de bigamia» [67]. De modo que será el Derecho del Bajo Imperio el que consi-

---

[64] Cfr. GAUDEMET, *El matrimonio en Occidente,* pp. 53 y 69.

[65] D'ORS, *op. cit.,* p. 17.

[66] Cfr. VOLTERRA, «Per la storia del reato di bigamia in diritto romano», *Studi Ratti,* Milano, 1933, I, p. 434; A. M. VEGA GUTIÉRREZ, *La unidad matrimonial y su tutela jurídico-penal en el Derecho canónico precodicial,* Pamplona, 1993, tesis doctoral inédita, pp. 128 ss.

[67] VEGA, *op. cit.,* pp. 135-136.

dere la bigamia como independiente del adulterio; ciertamente sin la la denominación específica de bigamia, pero en todo caso ya penalmente sancionada.

Sin embargo, el delito de bigamia atendía más a la protección del estado civil de las personas que a la unidad del matrimonio. Sólo siglos después, por la influencia del cristianismo, la punición de la bigamia adquiere una tipificación autónoma, directamente orientada a la tutela de un bien jurídico, que no será otro sino el interés canónico y, a su través, también civil de garantizar la unidad como parte esencial de la institución matrimonial. Aunque su conexión con la indisolubilidad, justificará el hecho de que el delito de bigamia sancione a la vez comportamientos divorcistas con apariencia de atentados a la unidad matrimonial. De modo que no era insólito hablar de una *bigamia simultánea* (que es el verdadero atentado contra la unidad) y otra *bigamia sucesiva,* en realidad orientada a la defensa de la indisolubilidad[68].

9. EL REDESCUBRIMIENTO CANÓNICO DE LA INDISOLUBILIDAD

Antes, incidentalmente, se ha hecho referencia a la indisolubilidad como el más arduo frente de batalla que el Derecho canónico tuvo que librar en relación con el matrimonio. Efectivamente, proclamar la indisolubilidad del vínculo era una auténtica revolución en el contexto en que el cristianismo irrumpe en la historia. Desde luego, no quiero decir que la estabilidad de la unión matrimonial no fuera algo tendencial en los modelos matrimoniales a los que sucesiva —o simultáneamente— ha de enfrentarse el cristianismo; pero conviene entender el problema: ahora se invierten los términos, lo que antes era un desiderátum pasa a ser un principio.

Así, por ejemplo y centrándonos en el Derecho romano, la inserción en la definición de Modestino de la expresión «*consortium omnis vitae*» implica la existencia de una comunidad de hecho «ideal e intencionalmente perpetua»[69]. Y la propia formulación de la *affectio maritalis* es una intuición romana —inicialmente más popular que estrictamente jurídica[70]— que reafirma la idea de que no puede haber vida

[68] Ibídem, p. 520.

[69] E. ALBERTARIO, «La definizione del matrimonio secondo Modestino», *Studi di diritto romano,* I, Milano, 1933, p. 184; C. CASTELLO, «Consortium omnis vitae», en el vol. cit. *La definizione essenziale giuridica del matrimonio,* pp. 57 ss.

[70] Como ha hecho notar D. QUARTUCCIO (*op. cit.*, p. 51), la expresión pertenece a la

matrimonial sin la intención recíproca de ser marido y mujer, que para ser tal necesariamente ha de incluir una tendencial perpetuidad. Lo que deseo subrayar es que la insistencia evangélica en la indisolubilidad estaba destinada a incidir en el propio corazón del sistema legal (canónico-civil), sin quedar confinada en la simple esfera del «deber-ser». De ahí su sentido revolucionario. Pues lo que ahora se intentará será, nada menos, que volver a los orígenes de la cuestión, es decir, al propio Génesis [71]. De ahí que podamos hablar de «redescubrimiento de la indisolubilidad».

Naturalmente la resistencia, fortísima, ya se preanuncia en las reacciones que se produjeron en el entorno del propio Cristo [72]. Sin embargo, el mensaje cristiano —más que estrictamente su Derecho— primero fue modificando el modelo romano y, después, el germánico en un ejercicio de paciencia y firmeza histórica en un contexto plagado de costumbres contrarias, y de un paralelo esfuerzo doctrinal orientado a disipar incertidumbres y dudas, tarea en la que desempeñaría un papel esencial la patrística, y más en concreto AGUSTÍN DE HIPONA [73].

La realidad, en todo caso, fue que la influencia sobre el Derecho romano y germánico se ejerció en dos tiempos. El primero, supuso el tránsito de un derecho clásico romano en el que había total libertad de divorcio y repudio —en los términos ya vistos—, sin concreta regulación de los procesos de disolución, a un derecho de los primeros emperadores cristianos en el que el *divortium* comienza a ser regulado de forma restrictiva. Tal reglamentación comenzará con Constantino y proseguirá hasta Justiniano. En las primeras regulaciones constantinianas —me refiero a una constitución del año 331 [74]— se observa ya una influencia cristiana, si estamos a las observaciones de VOLTERRA

lengua cotidiana. Se encuentra en los autores literarios (por ejemplo, Apuleyo), en las inscripciones, y con menos frecuencia entre los juristas. Por su parte, para G. LOMBARDI («La famiglia nell'ordinamento italiano», en el vol. *Persona e famiglia,* Roma, 1966, pp. 87-88) la *affectio maritalis* es una significativa intuición del mundo romano, que advertía que no se puede tener vida matrimonial sin la intención recíproca de ser marido y mujer, intención que para ser tal debe ser intencionalmente perpetua. El cristianismo ayudó a la humanidad a tomar conciencia de que la intuición romana de la *affectio* era exacta, pero que había sido completada con la intuición de su irrepetibilidad, en cuanto los dos eran *caro una.*

[71] Cfr. Mt, 19, 8-12.

[72] «Dícenle los discípulos: Si tal es la condición del hombre con respecto a su mujer, no tiene cuenta el casarse. Jesús les respondió: No todos entienden esta razón, sino aquellos a quienes es concedido» (Mt, 19, 10-11).

[73] Cfr. *De bono coniugali* y *De nuptiis et concupiscentia.*

[74] *CTh,* 3,16,1.

sobre la tendencia restrictiva que en tal legislación se observa sobre el divorcio [75]; aunque otros autores, como GAUDEMET, dudan de una influencia directa [76]. No parece haber duda, sin embargo, en que JUSTINIANO inicia en el año 542 un verdadero cambio de ritmo en la legislación matrimonial romana, orientada a reducir, en la medida de lo posible, las rupturas matrimoniales en una línea tendente a dar limitada satisfacción a las presiones eclesiásticas, pues no siempre tal legislación coincidió en todo con las disposiciones conciliares. En este sentido, por ejemplo, la *Novella* 117 (cap. 8) limitará las causas justas de repudio; suprimirá (cap. 10) el divorcio por mutuo consentimiento reconocido en la *Novella* 22, excepto en caso de voto de castidad; especificará que los malos tratos sólo darán derecho a una indemnización pecuniaria, pero no al divorcio, etcétera.

Por encima de esta legislación —no siempre coherente— conviene resaltar iniciativas individuales, que recuerdan modernas propuestas de lo que viene llamándose sistema de divorcio opcional, con el establecimiento de un matrimonio indisoluble junto a otro disoluble [77]. Efectivamente, durante esta etapa, y por influencias cristianas, comienzan a proliferar contratos matrimoniales mediante los que los esposos renuncian —limitada o totalmente— a la facultad de plantear la ruptura de su unión. Así, un papiro contiene un acta de 566 o de 573 en la que se excluía el divorcio, excepto en caso de adulterio, conducta licenciosa o enfermedad grave, y otro acta de divorcio del año 569 recuerda que «los esposos habían tenido la firme voluntad de vivir una unión apacible y duradera» [78].

La caída del Imperio romano —en el que ni aún en la última fase de cristianización se logró introducir con todas sus consecuencias la indisolubilidad en la legislación— y la invasión bárbara supusieron casi un volver a empezar en el enfrentamiento de la doctrina cristiana y la precariedad del vínculo matrimonial de las tribus germanas. Es el segundo tiempo al que antes me referí. La presión de las disposiciones conciliares eclesiásticas —importante en toda la época merovingia, pero que no logró desterrar el divorcio y el repudio de la legislación

[75] E. VOLTERRA, «Intorno ad alcune costituzioni di Costantino», *Rend. Acc. Lincei*, serie 8, 1956, pp. 76 ss.

[76] J. GAUDEMET, *El matrimonio en Occidente*, cit., p. 98.

[77] Cfr. A. DE FUENMAYOR, «El derecho a contraer matrimonio civilmente indisoluble (El llamado divorcio opcional)», en *Estudios de Derecho Civil*, II, Pamplona, 1992, pp. 993 ss. Como es sabido, por vía concordataria algunas legislaciones han acogido este sistema: Portugal, a través del concordato de 1940 (hasta su reforma en 1975), República Dominicana (concordato de 1954) y Colombia (concordato de 1973).

[78] Cfr. las citas que aporta GAUDEMET, *El matrimonio en Occidente*, cit., pp. 103-104.

germánica— se acentuó en la fase carolingia, a través de disposiciones pontificias, capitulares y nuevas decisiones conciliares, a lo largo de los siglos VIII y IX. Época en que un nuevo aliado vino a inclinar la balanza del lado eclesiástico: la concurrencia de las legislaciones laica y canónica en materia matrimonial, que en el concreto tema de la disolución —primero confusamente y luego decididamente— se orientó hacia la solución preconizada por HINCMARO, arzobispo de Reims, al deferir la separación en sí a los tribunales eclesiásticos y las cuestiones económicas anejas a los reales [79].

Sin embargo, el triunfo definitivo de la indisolubilidad no se producirá hasta que la concurrencia de legislaciones en materia matrimonial deja paso al monopolio eclesiástico. Cuando tal centralización acaece, la indisolubilidad está firmemente asentada tanto en la teología como en el Derecho canónico. Los dos soportes básicos de una y otro —las *Sentencias* de PEDRO LOMBARDO y el *Decreto* de GRACIANO— eran muy claros en este punto: incluso en el caso que más discusiones había suscitado —el controvertido inciso de Mateo— la firmeza se mantenía: tras la separación de la mujer adúltera, el esposo no podía volver a contraer matrimonio mientras viviera la mujer [80]. De ahí que no habrá vacilación por parte de ALEJANDRO III o INOCENCIO III en conferirle fuerza de ley e incorporar el principio de indisolubilidad a sus decretales. Las de GREGORIO IX asegurarán la universalidad del principio [81], que siglos más tarde Trento recordaría frente a los reformadores. Y que tanto el *Codex* de 1917 como el de 1983 incorporarán a su articulado [82].

La aplicación en sede civil del principio de indisolubilidad sufrirá una progresiva erosión en términos que son bien conocidos [83]. En todo caso, incluso en el propio concepto de divorcio que más tarde irá elaborándose en la esfera civil será detectable la huella cristiana. Sobre todo si se repara que mientras en Roma se partía de la libertad de las partes para disolver en cualquier momento su matrimonio, para posteriormente imponer limitaciones a esa voluntad, en el Derecho moderno —por lo menos en vía de principio, y con los matices a que luego se aludirá— se parte de la indiso-

---

[79] Cfr. *De nuptiis Stephani et filiae Regimundi comitis* (*Opera,* edit. Sirmond, II, pp. 647-658).

[80] Cfr. *Sententiae,* lib. IV, D. XXXI, c. 2; *Dictum Gratianii,* C. XXXII, q. 7 y *dictum post,* c. 16.

[81] Cfr. X,4,4,3.

[82] Cfr. cc. 1.013 y 1.118 CIC 17; cc. 1.056 y 1.141 CIC 83.

[83] Véase el conjunto de trabajos recogidos en la obra colectiva *El vínculo matrimonial,* coordinador T. García Barberena, Madrid, 1977. También mi «Divorcio y Derecho», en *Estudios de Derecho Matrimonial,* Madrid, 1977, pp. 187 ss.

lubilidad o, al menos, permanencia del vínculo, para luego aceptar, en los casos establecidos por la ley, que las partes puedan disolverlo. De ahí que se haya podido decir que «las limitaciones al divorcio no aparecen en el Derecho moderno como limitaciones a la voluntad de las partes, sino como posibilidades que la ley abre a la voluntad de las partes» [84].

10. EL PROCESO DE FORMALIZACIÓN DEL MATRIMONIO

Prescindiendo ahora del aspecto jurídico de la cuestión, para atender a su vertiente psicológica, es un hecho que el sentimiento amoroso siente la necesidad de transitar de ese ámbito de privacidad en que inicialmente germina hasta hacerse externo, público. Es decir, insensiblemente el consentimiento conyugal tiende a encarnarse en la institución [85].

Sin embargo, esta inserción no siempre ni necesariamente ha tenido una significación jurídica. Durante siglos los ordenamientos jurídicos no establecieron una conexión necesaria entre las formas de celebración y su imposición *ad validitatem*. En concreto, ninguno de los dos ordenamientos jurídicos con los que la Iglesia coexiste inicialmente —el judío y el romano—, conocían lo que hoy llamaríamos la forma *jurídica* del matrimonio [86]. Lo cual no quiere decir que la informalidad del matrimonio fuera una característica idealizada en los textos legales. Al contrario, el movimiento orientado a una formalización del matrimonio es tan antiguo como el matrimonio mismo [87].

---

[84] IGLESIA FERREIROS, *op. cit.*, p. 107.

[85] Cfr. G. CAMPANINI, «La famiglia fra "pubblico" e "privato"», en el vol. *La famiglia crocevia della tensione tra «pubblico» e «privato»*, Milano, 1979, p. 65.

[86] Ya se vio el sistema romano clásico. En lo que respecta al Derecho hebreo, inicialmente para la validez del vínculo no era necesario la presencia de autoridad religiosa alguna ni formalidades determinadas; bastaba el mero consentimiento. Sin embargo, a partir de los siglos XII y XIII se generalizan novedades introducidas en Francia por los judíos askezaníes. Entre ellas la formalización del matrimonio, que exigirá la presencia de diez adultos, del rabino y de la celebración pública al aire libre, en el aula de matrimonios o en la propia sinagoga. Cfr. J. A. DE JORGE, *El matrimonio de las minorías religiosas en el Derecho español,* Madrid, 1986, pp. 95-96.

[87] Puede verse una primera aproximación en: P. GISMONDI, «La celebrazione del matrimonio secondo la dottrina e la legislazione canonica fino al concilio tridentino», *Ephemerides Iuris Canonici,* 1949, pp. 301-333; J. GONZÁLEZ, «Formas y ritos matrimoniales», *Revista Crítica de Derecho Inmobiliario,* 1929, pp. 593 ss., 683 ss., 809 ss. y 913 ss.; S. ACUÑA, «La forma del matrimonio hasta el decreto *Ne Temere*», *Ius Canonicum,* 1973, pp. 137-190; I. MARTÍNEZ DE ALEGRÍA, *La forma extraordinaria del matrimonio,* cit., pp. 33 ss.; G. LE BRAS, «La doctrine du mariage chez les théologiens et les canonistes depuis l'an mille», *DThC,* IX, col. 2223 ss., V. REINA, «Emisión del consentimiento y forma del matrimonio», *Acta Conventus Internationalis Canonistarum,* T. P. Vat., 1970, pp. 590 ss.

En lo que a la Iglesia concierne es evidente que siempre deseó que el consentimiento matrimonial —dotado en su concepción de una fuerza pacticia indudable— se insertase en un contexto litúrgico. De este modo, al tiempo que subrayaba su trascendencia y lo ponía al abrigo de coacciones, ayudaba a distinguirlo del concubinato, lo defendía de situaciones pasionales e irreflexivas, hacía posible la localización de situaciones de bigamia, amparaba la legitimidad de los hijos, sostenía el vínculo ante roturas injustificadas y hacía posible la denuncia de situaciones de adulterio.

En otro lugar [88] he tenido la ocasión de mostrar que la forma de recepción del consentimiento matrimonial aparece desde los orígenes mismos de la Iglesia en trance de absorción por un aparato litúrgico no tan desprovisto, como suele afirmarse, de intencionalidad jurídica. Es decir, que las exhortaciones a «vivir de manera cristiana el matrimonio» y el paralelo desarrollo de una liturgia donde la bendición nupcial comienza a ser impuesta *ratione peccati,* data de fuentes anteriores al siglo IV y como el medio más idóneo de insertar, a través de la publicidad, el matrimonio en el contexto eclesial [89].

Esto firme, se precisa añadir que durante largos siglos las formas rituales no tendrán directa significación jurídica, pero es incuestionable que su pura existencia está apuntando a «algo más» que la simple *confirmación* del matrimonio en lo puramente interno. Se orienta a una significación incoativamente jurídica que luego, en Trento, aunque apartándose de la bendición y centrándola en la asistencia del ministro y los testigos, encontrará una externa y eficaz confirmación. Antes de haber asumido la Iglesia en moldes jurídicos la significación pública —no solamente litúrgica— que tal ritualismo de hecho comportaba, ya SAN IGNACIO DE ANTIOQUÍA [90], TERTULIANO [91], EUTIQUIANO [92] y SAN AMBROSIO [93] alabarían las nupcias celebradas formalmente; y el Concilio de Laodicea prescribirá que los esposos «no se casen clandestinamente» [94]. Posteriormente el papa SAN LEÓN para distinguir a la esposa de la concubina fijará tres circunstancias: la esposa legítima era una mujer de condición libre, regularmente dotada y «honrada por

---

[88] R. NAVARRO-VALLS, *Estudios de Derecho matrimonial,* Madrid, pp. 28 ss.

[89] Cfr. C. LÁZARO BENÍTEZ, *La bendición nupcial y la forma del matrimonio canónico,* Madrid, 1972, pp. 24-28; BALLINI, *Il valore giuridico della celebrazione nupziale cristiana dal primo secolo all'età giustinianea,* Milano, 1939, pp. 13 ss.

[90] *Ad Polycarpum,* 5, 2.

[91] *Ad uxorem,* 2, 9.

[92] *PL,* 176, 481 y 482.

[93] *PL,* 17, 238.

[94] c. 1.

unas nupcias celebradas de manera pública». TERTULIANO, ARNOBIO, y AGUSTÍN insisten igualmente en la necesidad de esa publicidad[95]. HUGO DE SAN VÍCTOR afirmará abiertamente que la bendición nupcial es una *condición legal* del matrimonio rato, que exige la cópula carnal para que se origine el *sacramentum coniugalis officii*[96]. Y HUGO DE AMIENS añadirá —en otro orden de cosas— que el sacramento del matrimonio debe llevar añadida la bendición nupcial, y a uno y otra se suma la pública atestación del matrimonio celebrado[97].

Sin embargo, no hay duda de que los matrimonios clandestinos seguirán siendo válidos, precisamente porque la significación incoativamente jurídica de las formas todavía necesitará una maduración teológica y jurídica. Así que si el matrimonio *in facie Ecclesiae* será, en el plano fáctico y estadístico, la regla normal, sus excepciones clandestinas disfrutarán de una cobertura legal que los hará inatacables jurídicamente, aunque denostados moral y disciplinarmente. De este modo, la canonística clásica declarará reiteradamente válidos los matrimonios clandestinos, desde el Decreto de BURCHARDO DE WORMS hasta el Decreto de GRACIANO. Este último reconocía que, «aunque los matrimonios clandestinos se celebran en contra de las leyes», no por eso dejan de ser matrimonios, y no pueden romperse, puesto que están probados por la confesión de las partes[98]. Y aunque la tendencia a formalizar jurídicamente el matrimonio se acentuará a partir del siglo XIII —siempre sin elevarse a requisito de validez en la Iglesia de Occidente—, fundamentalmente por la influencia del ritualismo germánico, que conferirá al sacerdote el oficio de la publicidad como algo añadido a su tarea sacerdotal, todavía, por ejemplo, a finales del siglo XIV, Jean BOUTILLIER continuará afirmando que: «El matrimonio es un vínculo [...] que se forma mediante el consentimiento del hombre y de la mujer [...] por muchas otras solemnidades de amonestaciones y de esponsales que se hicieren. Pero cosa honrada es hacerlas en la Iglesia»[99].

Se explica así el dato —aparentemente paradójico— puesto de manifiesto por HELMHOLZ en Inglaterra[100] y por WEIGAND en Alemania[101]: durante los siglos XIV y XV los tribunales eclesiásticos debieron cono-

---

[95] Estas últimas citas en GAUDEMET, *El matrimonio...*, cit., pp. 77-78.

[96] Cfr. *PL*, 176, 481 y 482.

[97] *PL*, 192, 1290.

[98] C. 30, q. 5, *dicta post*, c. 8, 9, 11.

[99] *Somme rurale*, II, 8.

[100] R. H. HELMHOLZ, *Marriage Litigation in Medieval England*, Cambridge, 1974, pp. 72 ss.

[101] R. WEIGAND, «Zur mittelalterlichen kirchlichen Ehegerichtsbarkeit», *ZRS. KA*, 67, 1981, pp. 216 ss.

cer más causas para decretar la validez de uniones matrimoniales que las orientadas a decidir sobre su nulidad. Es decir, que gran parte de los procesos matrimoniales se referían al *reconocimiento* de matrimonios celebrados en la clandestinidad, para apremiar al cónyuge a reinstaurar la vida en común [102].

Paralelamente a los esfuerzos de la canonística, desde la vertiente civil también se observa toda una tendencia a formalizar jurídicamente el consentimiento matrimonial; serán ejemplos el intento de KALMAN en Hungría o ROGER II en Sicilia de imponer como única forma matrimonial la celebrada *in facie Ecclesiae,* y los concilios de Wetminster (1173) o Londres (1200) al establecer como sanción a los matrimonios clandestinos la excomunión [103].

Todo, sin embargo, era inútil, puesto que no se daba el paso decisivo: establecer una forma *ad validitatem* y sancionar con la nulidad los matrimonios clandestinos. La cuestión no era nada sencilla, pues en ella se mezclaban, a la vez, una incertidumbre y una convicción. La incertidumbre se movía en el marco de una explicable confusión: la que parecía existir entre forma teológica, jurídica y litúrgica en el matrimonio. La convicción partía del dato doctrinal de que el matrimonio, teológica y jurídicamente, se constituye esencialmente en el simple intercambio del consentimiento. Esta incertidumbre y esta convicción se manifestarán en Trento de modo llamativo y hasta dramático.

Se trataba, en realidad, de reinterpretar, sin destruir, la «tiranía jurídica» que sobre todo Occidente ejercía la doctrina del *solus consensus,* es decir, el «prejuicio consensualista», al que anteriormente aludimos [104]. La delicada operación, como es bien sabido, tuvo lugar en

[102] Por ejemplo, en Inglaterra, en Ely el 70 por 100 de los casos matrimoniales sometidos al provisorato entre 1374 y 1382 se refería a matrimonios clandestinos. En Canterbury, entre 1410 y 1420, de 41 casos matrimoniales, 38 eran de ese tipo. No cabe duda de que las uniones clandestinas brindaban más a menudo materia de procesos que los matrimonios celebrados en público. Pero, como observa GAUDEMET (*El matrimonio en Occidente,* cit., p. 270), aun teniendo en cuenta ese factor de corrección, el desequilibrio era flagrante. La causa de este fenómeno es doble: por un lado, la ausencia de una forma de celebración; por otro, la resistencia en la población a abandonar la idea precristiana del matrimonio como contrato privado, frecuentemente incumplido. A partir del siglo XVI decaen estas causas para aumentar las de nulidad. Ha insistido sobre este extremo J. MARTÍNEZ-TORRÓN, *Derecho canónico y Derecho angloamericano,* cit., p. 111.

[103] Cfr. GAUDEMET, *La aportación...,* cit., p. 17.

[104] Esta tiranía del consentimiento, de algún modo, sigue presente hoy en el trasfondo de ciertas causas de nulidad canónicas. Ya en 1938 la multiplicación de tales causas llevó a Pío XI a ponderar la posibilidad de prohibir en general la constatación oficial de la nulidad de un matrimonio por falta de consentimiento, si los cónyuges habían coha-

Trento. Y el desenlace del grave dilema —«questione veramente scottante», en la conocida frase acuñada por JEMOLO [105]— es notorio y ha sido estudiado desde todos los ángulos [106].

Baste aquí recordar algo notorio y reiterar algo menos evidente. Lo primero es que el decreto *Tametsi* —con la exigencia de que en adelante el matrimonio habría de celebrarse ante el párroco propio y dos o tres testigos [107]— supuso la formalización del vínculo matrimonial, en términos que implican una verdadera revolución en el Derecho matrimonial de Occidente. Lo segundo es que la explicación dada en Trento por la mayoría de los padres conciliares para superar lo que hemos denominado el «prejuicio consensualista» de la minoría, supuso una intuición válida, aunque difícil de expresar en un lenguaje jurídico claramente convincente, precisamente por el incompleto estadio de evolución de la propia teoría de los actos jurídicos en el contexto temporal en que se emitió [108]. En realidad lo que los Padres de Trento intu-

bitado al menos durante seis meses. Cfr. V. BARTOCETTI, «Codicis I. C. emendatio a S. P. Pio XI, circa leges et causas matrimoniales disposita anno 1923», *RDC,* 10/11, 1960/1961, pp. 9-23, citado por R. WEIGAND, «Desarrollo y triunfo del principio del consentimiento en el Derecho matrimonial de la Iglesia», en *Estudios jurídico-canónicos conmemorativos del Primer Cincuentenario de la Facultad de Derecho Canónico en Salamanca (1940-1989),* Salamanca, 1991, p. 371. Sin expresamente denominarlo así JUAN PABLO II también ha salido al paso de una especie de dictadura de la psicología sobre las causas de nulidad del matrimonio canónico. Cfr. J. T. MARTÍN DE AGAR, «L'incapacità consensuale nei recenti discorsi del Romano Pontifice alla Rota Romana», *Ius Ecclesiae,* I, 1989, pp. 407 ss. Sobre este capítulo de nulidad matrimonial, vid. A. REINA, *La incidencia de las perturbaciones psíquicas en el consentimiento matrimonial,* Madrid 1979; J. L. SANTOS, «Nulidad: incapacidad psíquica y matrimonio», en el vol. *Ciclo de conferencias por el I. C. de A. de Alicante,* Alicante, 1978, conf. 1.ª

[105] A. C. JEMOLO, *Il matrimonio nel diritto canonico,* Milano, 1941, p. 9, nt. 4

[106] Por citar algunas de las obras más conocidas: L. CASTÁN LACOMA, «El origen del capítulo *Tametsi* del Concilio de Trento contra los matrimonios clandestinos», *Revista Española de Derecho Canónico,* XIV (1959), pp. 613-666; G. LE BRAS, *op. cit.,* cols. 2236-2244; J. GOMES, *De matrimoniis clandestinis in concilio tridentino,* Romae, 1950. Más recientemente ha recreado con trazos originales la discusión y las distintas fases que condujeron al *Tametsi,* I. MARTÍNEZ DE ALEGRÍA, *La forma extraordinaria del matrimonio,* Madrid, 1994.

[107] El Decreto *Tametsi,* incluido en los *Canones super reformatione circa matrimonium* y votado el 11 de noviembre de 1563, estableció los siguientes y conocidos extremos: declaración de validez de los matrimonios clandestinos anteriores al Decreto; prescripción de una forma *ad valorem* para la celebración de los futuros matrimonios; inhabilitación de los contrayentes que no observaran tal forma; criterios de publicación e inicio de la norma respecto a los lugares y personas. El texto (castellano y latino) puede verse en I. LÓPEZ DE AYALA, *El sacrosanto y ecuménico Concilio de Trento,* París, 1853, pp. 305-309.

[108] La argumentación de los partidarios de invalidar los matrimonios clandestinos se orientó en mostrar que el poder de la Iglesia en esta materia podía equipararse al que tenía para inhabilitar a las personas a través de los impedimentos o para descalifi-

yeron es algo explicable en el marco de categorías conceptuales familiares hoy a la dogmática jurídica: inexistencia, nulidad, anulabilidad e ineficacia. Esto es, que allí donde existe un encuentro de consentimiento entre personas hábiles, el matrimonio existe en cuanto a su sustancia, en su estructura interna, en su fundamento. La imposición de una forma de recepción de ese consentimiento se mueve en otro nivel: el del plano social del reconocimiento jurídico de los actos humanos. En este ámbito, la Iglesia —sin por ello alterar ni la materia ni la forma teológica del sacramento— tiene ciertamente poder, ya que a ella le corresponde insertar en la comunidad eclesial la actividad jurídica personal de sus fieles, y determinar las condiciones jurídicas a través de las cuales puede un negocio jurídico familiar considerarse sacramental [109].

En todo caso, la formalización operada en Trento actuará en dos ámbitos. En el intraeclesial, puesto que en las diócesis y parroquias en que fue promulgado el *Tametsi* se operó esa revolución silenciosa que transmutó el matrimonio canónico de contrato consensual aformal en negocio jurídico formal. Y, derivadamente, en el ámbito civil, pues las alteraciones que el pacto conyugal sufría en el marco del Derecho canónico implicaba una paralela alteración en el ámbito secular, precisamente porque hasta muy entrado el siglo XVI la única clase de matrimonio que conocía Europa era el canónico. Cuando el monismo se rompió con la aparición del matrimonio civil, no por ello éste se apartará demasiado del canónico. Por dos razones: por el trasfondo religioso que el hecho matrimonial en sí mismo manifiesta [110] y porque los reflejos técnicos que en el ámbito cultural de Occidente ha propiciado la visión canónica del matrimonio se han insertado de tal modo en nuestra concepción del matrimonio, que inevitablemente se convierte en el modelo de referencia. En el concreto tema de la forma del matrimonio, el matrimonio civil vino tan sólo a sustituir «el sacerdote por el Juez, a la Iglesia por el juzgado, a la Biblia por los artículos de la ley [....]» [111].

car un consentimiento real, aunque viciado. Cfr. S. EHSES, *Concilii Tridentini actorum*, pars sexta, t. IX, Friburgo, 1965, pp. 643 y 650.

[109] Cfr. R. NAVARRO-VALLS, *Estudios...*, cit., pp. 36-37 y bibliografía citada en nota 50.

[110] Es curioso, por ejemplo, que la primera ley de matrimonio civil que conoce España, se exprese así en su Exposición de Motivos: «El matrimonio es también una institución religiosa. Cuando el hombre y la mujer [...] llegan a unir sus destinos para no separarlos jamás, el sentimiento religioso, por adormecido que se halle en el alma, los arrastra a postrarse ante el Ser Supremo [...]», *Apéndice 3.º al Diario de Sesiones*, n.º 85, sesión de 17 de diciembre de 1869, p. 1.

[111] Cfr. F. PUIG PEÑA, *Tratado de Derecho Civil español*, t. 2, Derecho de Familia, V.1, Madrid, 1947, p. 61.

11. LA INSTITUCIONALIZACIÓN DEL MODELO

Una visión de conjunto de la historia del Derecho matrimonial permite percibir un progresivo proceso de institucionalización sobre las iniciales pautas desjuridificadoras. Es la historia de una reflexión teológica convertida en norma jurídica; la historia de una gradual madurez inyectada por la incidencia simultánea de tres disciplinas que tras el redescubrimiento de la Compilación justinianea sufrirán el impulso más espectacular que conoce la historia del pensamiento. Me refiero al Derecho canónico, el análisis del Derecho romano a través de los legistas y, por otras causas, la teología. Las tres en una verdadera armonía que tan sólo se romperá siglos después.

Pero la simple madurez doctrinal hubiera sido insuficiente sin el proceso paralelo de una producción de normas orientada desde pautas uniformes y su aplicación a través de instancias jurisdiccionales coherentes con esa legislación. De modo que el monopolio eclesiástico —legislativo y jurisdiccional— fue decisivo para la institucionalización de una vigorosa construcción jurídica matrimonial basada, a su vez, en la visión antropológica cristiana. La propia concepción unitaria del Derecho en el Medievo supuso que el matrimonio pudiera encuadrarse en lo que actualmente llamaríamos «Derecho privado», pero sin los efectos potencialmente desistitucionalizadores que hoy representa ese encuadre. La razón, como ha precisado NÖRR [112], es que en el Derecho canónico medieval puede hablarse efectivamente de *ius privatum* y de derecho subjetivo, pero sin que esta subjetivación del derecho goce de una autonomía respecto del derecho objetivo del que será su derivado y no su adversario.

Esta normativización de la familia y del matrimonio operada a

[112] Para K. W. NÖRR («Il contributto del diritto canonico al diritto privato europeo: riflessioni dal punto de vista della identificazione del concetto di diritto», en el vol. *Diritto canonico e comparazione,* a cura di R. Bertolino, S. Gherro y L. Musselli, Torino, 1992, pp. 13 ss.), en el Medievo existe todavía un concepto unitario de Derecho, radicado en la creación y en el plano salvífico divino, que domina el pensamiento de los científicos y del hombre medieval. También el concepto de Derecho privado, tanto como representación implícita o en sus diversos significados (*ius privatum, lex privata,* etc.) está contenido en este concepto unitario de Derecho y no hay dificultad de ponerlo en conexión con el concepto de Derecho canónico. Hoy la situación ha cambiado: el concepto de Derecho privado moderno (sector en el que el hombre encuentra su autodeterminación) es distinto del concepto de Derecho que está en la base del canónico: en éste puede hablarse de *ius privatum,* de derecho subjetivo, y de *ius* en un significado subjetivo, pero este derecho subjetivo no goza de autonomía, es un derivado del Derecho objetivo del cual depende.

partir del siglo XII supondrá un refuerzo institucional, al que no será ajeno la decidida voluntad eclesiástica, apoyada en este punto por el poder civil, de restablecer el orden en Europa después del desorden de finales del primer milenio [113]. Es decir, el modelo matrimonial ya no será un simple «producto» de las costumbres, sino un instrumento de modificación de esas costumbres. A lo que hoy llamaríamos una legislación de «remedios» se impondrá una legislación de «modelos» [114].

Sin que podamos decir que el modelo dibujado en los textos legales sea absolutamente acatado en la práctica diaria, lo cierto es que saltará de la especulación doctrinal y de las decretales pontificias a las costumbres imponiéndose en sus líneas generales, delineando a su vez un tipo familiar con unas funciones básicas que oscilarán de la procreación al control externo e interno del *entourage* familiar, la producción y reparto de bienes, la armonización de los fines individuales con los valores sociales [115].

Desde luego, la juridificación del matrimonio no es un producto exclusivo del siglo XII en lo eclesiástico y del siglo XVI en lo civil, como parece afirmar GLENDON [116]; no son momentos químicamente puros que hubieran operado con la fuerza de un *fiat* espontáneo que llenara un vacío de siglos. La verdad es que la juridificación supuso un largo camino, así como la actual desjuridificación, como veremos, tiene otras bases distintas de aquellas sobre la que operó primero el Derecho canónico antiguo y luego el clásico. En todo caso, si el Derecho canónico ha aportado algo al pensamiento jurídico institucional y al Derecho privado europeo, esto ha sido especialmente notorio en el caso del matrimonio.

De modo que hoy es ya un lugar común afirmar lo que con acierto se ha sintetizado en estas líneas: que los ordenamientos civiles han recibido del Derecho canónico «el principio moderno de la libertad de elección de los cónyuges y de su consentimiento personal, así como

---

[113] Sobre este punto vid. las observaciones de EHRHARDT-D. LEITE DO CAMPOS, «Rapport Général (Droit Constitutionnel)», en el vol. *Aspects de l'évolution récente du Droit de la famille,* Travaux de l'Association Henri Capitant, t. XXXIX, Paris, 1988, en especial pp. 18 ss.

[114] Cfr. P. REMY, «Philosophie du mariage civil dans la législation contemporaine», *L'Année Canonique,* 1989, p. 30.

[115] Como el propio D. LEITE DO CAMPOS hace notar en otra obra (*La desinstitutionalisation du mariage,* cit., p. 61) ese modelo matrimonial «se revelará capaz de fundamentar una familia que asumirá una gran parte de las funciones de base: reproducción; producción y reparto de bienes; control social en lo externo e interno de la familia; educación de sus miembros; armonización de los fines individuales con los sociales, etc.».

[116] Cfr. M. A. GLENDON, *State, Law and the Family,* cit., pp. 304-327.

las condiciones formales desde Trento. Deben a esta herencia el carácter exclusivo del matrimonio monogámico como el lugar de la sexualidad lícita y el principio de su indisolubilidad. Incluso secularizado extrínsecamente desde la Revolución francesa, el matrimonio ha conservado sus trazos cristianos de formalismo, exclusividad y perpetuidad» [117].

12. A MODO DE CONCLUSIÓN: LA INFLUENCIA DEL DERECHO CANÓNICO EN LA CONSTRUCCIÓN DEL MATRIMONIO EUROPEO-AMERICANO

Me parece que tiene vigencia lo que en otra ocasión —al estudiar el modelo histórico del matrimonio en España— concluía en relación con esta cuestión [118]. Esto es, que en realidad el Derecho civil no ha tenido un modelo propio de matrimonio, un modelo distinto del canónico. Hasta los años setenta el modelo matrimonial occidental es prácticamente el mismo, una especie de dios Jano, cuyas dos caras (la civil y la canónica) pertenecían al mismo cuerpo. Las diferencias, aunque importantes —en especial en materia de indisolubilidad—, no llegaban a ocultar el origen común.

Por eso mismo ha podido recordar JEMOLO [119] que los juristas anglosajones han elaborado en el campo del Derecho internacional privado la figura del *christian marriage,* que tiene unas características comunes a todas las legislaciones inspiradas en los principios de la civilización europeo-americana. A tal esquema matrimonial sería asimilable solamente el vínculo monogámico entre personas de sexo diferente, generador de un grupo familiar y reconocido por el Derecho como fuente de derechos y obligaciones; vínculo que nace del insustituible consentimiento de las partes, y que presupone, por tanto, en los contrayentes la capacidad de entender y querer en orden a los compromisos que se adquieren; vínculo no a plazo, en el que es un elemento *natural* (aunque *esencial* solamente en los ordenamientos no divorcistas) el tener que durar cuanto dure la vida de los que lo generan, y en el que la disolución, cuando se admite, sólo podrá ser fruto de una

---

[117] M.-T. MEULDERS-KLEIN, *Mariage et concubinages ou les sens et contrasens de l'histoire,* cit., p. 274.

[118] R. NAVARRO-VALLS, «El modelo matrimonial de la legislación histórica española», *Revista de la Facultad de Derecho de la Universidad Complutense de Madrid,* n.º 73, pp. 232-233.

[119] A. C. JEMOLO, *El matrimonio,* trad. castellana, Buenos Aires, 1954, pp. 6 y 7.

voluntad manifestada *después* de nacido el vínculo, nunca en el momento de su nacimiento. Rasgos generales a los que habría que añadir la *formalización* del momento constitutivo, es decir, la necesidad de que el consentimiento matrimonial sea recibido a través de ciertas formalidades que den noticia social de su existencia, no bastando, por tanto, la simple convivencia para que de ella derive un *status* matrimonial o a él asimilado en la plenitud de sus virtualidades.

Sin embargo, ahora comienza a delinearse un retroceso, un salto de siglos, una suerte de camino hacia atrás, que altera los rasgos básicos del modelo que durante siglos ha vivido Occidente. A partir de los años sesenta ha comenzado a influir en el Derecho matrimonial europeo-americano lo que se ha llamado «el tópico de las exigencias de la realidad social», cuyo blindaje acrítico comienza a convertir los hechos y acontecimientos sociales «en criterio ético indiscutible» [120]. De manera que, como viene observándose [121], la otrora más o menos objetivable categoría de matrimonio civil intenta asimilar datos sociológicos dispares. Entre otros, la escisión entre sexualidad y procreación, una crítica frontal a la familia de base conyugal como lugar de represión, la exaltación de la vitalidad como valor más allá de toda limitación «burguesa», la emancipación de la conciencia de la protección externa de la ley o el acogimiento de una inabarcable subjetividad conectada con una peculiar visión de los derechos fundamentales que plantea el desafío de una espiral de reivindicaciones infinitas de incierto destino jurídico. Así, el nuevo modelo matrimonial que emerge en los textos legislativos está en continuo cambio, sin que pueda precisarse si efectivamente es «modelo» o más bien un polisistema mutante que, en realidad, no es ni parece pueda ser modelo sino a lo más expectativa.

La segunda parte de este trabajo pretende, por tanto, mostrar las líneas básicas que van a caracterizarlo. Unas líneas que, por ahora, parecen definirse más por sus perfiles negativos, es decir, contrarios al modelo histórico que hasta aquí hemos analizado. De ahí el intento de mostrar cómo esas características básicas del modelo sufren un proceso de erosión que le confieren perfiles inéditos. Erosión, sin embargo y como tendré ocasión de precisar, que se manifiesta más entre las *elites* que en la gran mayoría.

Ni que decir tiene que el ángulo de enfoque de la cuestión ineludiblemente habrá de ser ahora el Derecho estatal, o si se quiere y por

---

[120] A. OLLERO, «Los derechos humanos entre el tópico y la utopía», *Persona y Derecho,* 1990, p. 163.

[121] F. D'AGOSTINO, *Diritto e secolarizzazione,* Milano, 1982, p. 135, con cita de DEL NOCE.

utilizar una terminología más o menos firmemente acuñada en la canonística, el «derecho secular». Lo que también supondrá un cambio de ritmo expositivo y una modificación de los esquemas conceptuales hasta aquí utilizados. Ahora el discurso, aunque sin olvidar los principios, necesariamente habrá de tornarse algo más casuístico y jurisprudencial, con incursiones en el campo de la sociología jurídica y del Derecho comparado. Ya no fijaremos tanto la atención en lo que podríamos denominar las bases dogmático-jurídicas del «fenómeno-institución» (al que nunca perderemos de vista, sin embargo) cuanto el «fenómeno-caso», precisamente por el valor ejemplar que se le pueda atribuir. No olvidaremos, claro está, que los jueces ante los casos concretos lo que intentan es resolver una dificultad más que sentar un principio, pero la creación judicial no es infrecuente que lleve a cabo una ordenación sistemática en el que los casos son ilustración de unos principios que — como observara ESSER— «van abriéndose paso como a empeñones entre las nuevas experiencias de la práctica casuística y las energías formales de la escuela» [122].

No se trata en lo que sigue de operar una brusca inversión metódica que nos conduzca a fijar la atención tan sólo en el nivel sociológico (el de los hechos) para abandonar el previo nivel filosófico, el ser mismo de la institución, en este caso del matrimonio. Eso sería tan sorprendente como pretender conocer un organismo limitándose a estudiar su ecología, las condiciones ambientales que condicionan su vida, descuidando el análisis de su fisiología, morfología y anatomía [123]. El peligro sería evidente. Olvidaríamos que el método exclusivamente sociológico, al tener por objeto primordial el hecho cambiante del devenir histórico, aislándose e inhibiéndose de las constantes ontológicas del propio devenir — en realidad la Sociología «es una historia que no necesita acudir al pasado» [124]— no puede dar razón del ser más profundo de las instituciones jurídicas. La Sociología en la medida que clasifica hechos, mide grados de urgencia, y determina leyes tenden-

---

[122] J. ESSER, *Principio y norma en la elaboración jurisprudencial del Derecho privado,* Barcelona, 1961, p. 10.

[123] P. DE FRANCISCI, *Puntos de orientación para el estudio del derecho,* trad. esp., Barcelona, 1951, p. 17.

[124] A. HERNÁNDEZ GIL, «Meditación sobre los saberes jurídicos», en *Metodología de la Ciencia del Derecho,* III, Madrid, 1971, p. 420. Por su parte J. VALLET DE GOYTISOLO (*Metodología jurídica,* cit., p. 256) observa: «El sociologismo, por una parte, no sólo es nominalista, sino que rechaza las enseñanzas de la historia, pues considera que la evolución social impide referir a una época las experiencias de la otra, considerando que no existe la historia ni la civilización, sino unos estadios o civilizaciones dotados de entidad propia distinta, como organismos vivos diferentes, cerrados en sí mismos.»

ciales del comportamiento humano, supone tan sólo *uno* de los niveles de atención del jurista, que deberá enjuiciar los datos sociales desde la perspectiva más amplia de quien sabe que el Derecho no es un simple precipitado de la realidad humana, sino también y antes una realidad en sí que se comporta formalmente frente a los hechos [125], intentando encauzarlos y, a veces, dando una respuesta negativa a lo que el análisis meramente social y estadístico pretendidamente plantea como razonable afirmativa jurídica. Esto no significa que no comparta las preocupaciones metodológicas que postulan una mayor interrelación entre Derecho y Sociología. Mis apreciaciones se tornarán críticas solamente cuando las aludidas preocupaciones desemboquen en posiciones extremas que pretendan anular cualquier razonamiento jurídico encaminado a la realización de *valores* anteriores a la pura facticidad.

[125] Como anota A. OLLERO (*Derecho y Sociedad. Dos reflexiones en torno a la filosofía jurídica alemana actual,* Madrid, 1973, p. 85): «El derecho no puede ser un mero espejo de la sociedad, reducido a su superestructura inevitable, ni basta para salvaguardar la metáfora con aludir a espejos dialécticos o interdependientes, [...]. El derecho no sólo debe, en parte, reflejar la vida social, sino que debe, además, cumplir respecto a ella la virtualidad reformadora que le es propia.»

III. LA EROSIÓN DEL MODELO CLÁSICO

1. SU DESINSTITUCIONALIZACIÓN

En el análisis de las líneas emergentes del nuevo paradigma matrimonial, tal vez convenga comenzar por aquella característica que va a englobar las restantes y que conecta con la última que hemos visto caracterizaba al modelo cristiano de matrimonio: su institucionalización. El proceso actual de *desinstitucionalización* del matrimonio, es paralelo a dos desarrollos soterrados que son los de su *contractualización* y *privatización.* Ambos en definitiva presuponen la *desjuridificación.*

1.1. LA DESJURIDIFICACIÓN

Quizá sus manifestaciones más importantes serían: la progresiva debilitación de las prerrogativas jurídicas del matrimonio en relación con esa su «institución sombra» (*shadow institution*) que es la unión libre; la paulatina difuminación de sanción jurídica a las obligaciones —todavía jurídicas— derivantes del matrimonio (fidelidad, mutuo auxilio, etc.), y su correlativa remisión a un vago mundo de ideales tan sólo dependientes en su aplicación de la concreta valoración moral de los propios cónyuges [126]. De algún modo se operaría en el matrimonio una suerte de metamorfosis jurídica que lo transformaría en una espe-

[126] Un buen y sintético análisis de esas manifestaciones en L. MENGONI, *La famiglia...*, cit., p. 276.

cie de unión libre controlada por el poder público, cuyo papel vendría reducido al de una especie de árbitro en su formación y disolución.

Incluso hay quienes hablan de una evolución que conduciría a convertirlo en «un concepto inútil», pues lo que en realidad sucedería no sería tanto juridificar el concubinato cuanto desjuridificar el matrimonio sobre el esquema de la unión libre [127]. Aunque para no operar bruscamente, el cambio se haría progresivamente, comenzando con el diseño de lo que se ha llamado «un matrimonio de efectos limitados» [128]. Es decir, un tipo matrimonial desprovisto de sus clásicos deberes de fidelidad, socorro y asistencia mutua para asignarle un único fin: la educación de los hijos. Su permanencia sería sólo provisional, proyectada en el tiempo que normalmente exige la educación de los hijos (unos veinte años) y, a partir de ese momento, cabría la disolución *ad libitum,* con una estimación posible de daños y perjuicios para el cónyuge que, de algún modo, hubiera sacrificado más tiempo en la atención de la prole. Sería, en síntesis, «una asociación concluida por dos personas que conservan su plena autonomía».

La verdad es que este modelo de «baja juridicidad», si se me permite la expresión, no queda confinado en el plano de las simples propuestas doctrinales; parece también avanzar en los textos legales. Ejemplos sintomáticos son las regulaciones matrimoniales en los países escandinavos y en algunos estados de Norteamérica. Así cuando VINDELOV define el matrimonio en Dinamarca como «un contrato a tiempo indeterminado, que prevé un año de preaviso para su resolución» [129], viene a coincidir con el modelo legal que exige solamente un año de separación unilateral para obtener el divorcio.

El proceso desjuridificador del matrimonio en Estados Unidos tiene también una larga historia, aunque de matices no estrictamente coincidentes con lo acaecido en el Derecho continental. En este último, los cambios operados en la regulación legal del matrimonio y la familia preferentemente han venido precedidos por debates parlamentarios que han conducido a desenlaces legales de entidad. En el Derecho estadounidense ha sido el Tribunal Supremo federal el impulsor de una desregulación legal a través de una progresiva dilata-

---

[127] Cfr. A. SERIAUX, «La conception du mariage selon le Code civil», en el vol. *Mariage civil et mariage canonique,* Paris, 1985, p. 94.

[128] La propuesta es de M. T. CALAIS-AULOY, «Pour un mariage aux effets limités», *Revue trim. droit civile,* 1988, pp. 255-256.

[129] V. VINDELOV, «Il diritto di famiglia in Danimarca», en el vol. *Forme delle famiglie, forme del diritto: mutamenti della famiglia e delle istituzioni nell'Europa occidentale,* a cura di V. Pocar e P. Ronfani, Milano, 1991, p. 61.

ción del concepto de *privacy* [130], sobre todo a partir de la década de los sesenta. Como ha observado ANDERSON, en los Estados Unidos la capacidad de las instituciones democráticas, tanto a nivel local como nacional, de establecer políticas familiares se halla enormemente reducida, debido precisamente a las decisiones del Tribunal Supremo [131]. El conjunto de estas decisiones viene a establecer un derecho constitucional del matrimonio que se opone a la intervención del Estado si ambos cónyuges viven juntos. A su vez, la pareja casada ya no es contemplada como una «entidad independiente», sino como la «asociación de dos individuos aislados». De modo que es posible asimilar las relaciones jurídicas de los esposos a las de copropietarios no casados. La conclusión final será la consideración de que lo que requiere protección legal será más la relación íntima dentro del matrimonio, que no la propia institución matrimonial. Bien entendido que tal intimidad —como reconoció el Tribunal Supremo en el caso *Eisenstadt* [132]— puede darse también fuera del matrimonio. Con lo cual comenzó a alentar desde la más alta instancia un proceso de difuminación entre la institución legal del matrimonio y la cohabitación extramatrimonial e informal [133].

El desenlace lógico fue la propuesta de Ley Uniforme sobre Matrimonio y Divorcio —*Uniform Marriage and Divorce Act.* (*UMDA*)sugerida como modelo a todos los estados de la Unión por la Comisión Nacional para las Leyes Uniformes [134]. En ella se reducen drásticamente los impedimentos para el matrimonio y se inicia un fuerte proceso desformalizador. En el comentario al artículo correspondiente, tal desformalización se justifica «teniendo en cuenta la tendencia creciente de las parejas en desear una ceremonia individualizada, sin las formalidades tradicionales eclesiásticas, religiosas o civiles» [135]. Se postula así el matrimonio por «simple inscripción», que tuvo su reflejo en una ley presentada en el Parlamento del Estado de Washington creando el

[130] Que encontrará su clímax en la sentencia del propio Tribunal Supremo federal norteamericano *Griswold v. Connecticut,* 381 US, 479 (1965).

[131] C. A. ANDERSON, «Tendencias fundamentales de la política familiar en los Estados Unidos», en *Libertades fundamentales y sistema matrimonial,* cit., p. 1. También: J. T. NOONAN, «The Family and the Supreme Court», *Catholic University Law Review,* 23 (1973), pp. 255 ss.; H. H. CLARK, *The Law of Domestic Relations in The United States,* 2.ª ed., St. Paul, 1988, pp. 26 ss.

[132] *Eisenstadt v. Bair,* 405 US, 438 (1972).

[133] Cfr. ANDERSON, *op. cit.,* p. 9.

[134] *National Conference of Commissioners on Uniform State Laws, Uniform Marriage and Divorce. Act of 1970.*

[135] Comentario al artículo 206 de la UMDA.

matrimonio «por simple registro» [136]. Como observa GLENDON esta tendencia muestra claramente un proceso de retirada del Estado en la regulación de la relación jurídico-matrimonial, un proceso de equiparación entre matrimonio y otras uniones de hecho, que vendrían a gozar de idénticos privilegios que el matrimonio [137].

Esta orientación encontró un refuerzo en la ampliación del concepto de familia acogida por la jurisprudencia. Efectivamente, a partir de 1973, con la sentencia *Cahill* [138], el Tribunal Supremo desestimará la noción de «familia legítima o de base matrimonial» como criterio constitucionalmente válido para la atribución en exclusiva de fondos de asistencia pública. El supuesto de hecho que permite al Tribunal Supremo sentar este criterio será un programa de beneficencia del Estado de Nueva Jersey, que excluía a las parejas solteras de la ayuda financiera atribuida a las familias compuestas por dos adultos casados y, al menos, con un hijo menor. El Estado basaba la diferencia de trato en la finalidad de fortalecer la institución matrimonial y la familia, así como reducir la filiación extramatrimonial. El Tribunal Supremo invalidó la ley de Nueva Jersey, pues «negaba una igual protección legal a aquellos que cohabitaban sin estar casados y a sus hijos». El proceso culminará en 1977 con la sentencia *Moore,* en la que el Tribunal Supremo federal de hecho niega a los Estados la posibilidad de aceptar un único concepto de familia como institución basada en el matrimonio y formada por un grupo de padre, madre e hijo [139].

---

[136] Cfr. M. A. GLENDON, «La transformation des rapports entre l'État et la famille dans l'évolution actuelle du droit aux États-Units», en *Famille, Droit et changement social dans les sociétés contemporaines,* Bruxelles, 1978, pp. 11 ss.

[137] Como añade la propia GLENDON (*La transformation...,* cit., p. 40), ciertamente el matrimonio no ha dejado de existir —todavía el Derecho sucesorio, el fiscal, el de responsabilidad civil distinguen el matrimonio del concubinato—, pero estas distinciones están en trance de ser difuminadas. Un proyecto de ley federal tiende a eliminar las distinciones basadas sobre el matrimonio en el derecho fiscal y ello porque «la creencia de que el matrimonio oficial en la sociedad actual no es tan diferente de las uniones no formales aboca a ello [...]».

[138] *New Jersey Welfare Rights Organization v. Cahill,* 411 US, 619 (1973). Cfr. ANDERSON, *op. cit.,* pp. 12-13.

[139] *Moore v. East Cleveland,* Ohio, 431 US, 494 (1977). No obstante lo dicho en el texto, se observan indicios de una cierta revisión por el propio Tribunal Supremo del amplísimo concepto de *privacy* aplicado al matrimonio. En esta línea se movería la doctrina sentada en *Webster v. Reproductive Health Services* (106 L. 2nd 410, 1989), que, al sentir de ANDERSON (*op. cit.,* p. 17), permitirá «replantear la cuestión del matrimonio y de la familia en los Estados Unidos al margen de los requisitos de la intimidad y de su consideración como zonas autónomas propias de las decisiones individuales. Esta reconsideración podrá conceder, probablemente, un papel de mayor envergadura para la

1.2. ¿UNA VERDADERA DESJURIDIFICACIÓN?

Ahora bien, estos y otros ejemplos que podrían aducirse, ¿implican, atentamente considerados, una verdadera desjuridificación de las relaciones familiares y matrimoniales? La respuesta a esta pregunta reclama distinguir los espacios jurídicos que enmarcan el matrimonio y la familia. Como es sabido, el Derecho de familia tiene lo que se ha llamado un «núcleo duro» que abarca el matrimonio, su constitución y patología, la filiación y la autoridad parental. Junto a ese núcleo, o mejor, girando a su alrededor, hay toda una serie de aspectos periféricos que condicionan a la familia y al matrimonio desde el Derecho constitucional, penal, patrimonial, procesal e internacional privado. En fin, a través de lo que viene llamándose «el juego de espejos», el matrimonio es contemplado desde el Derecho fiscal y, más en general, desde el omnipresente Derecho social [140].

Teniendo esto presente, veamos los datos que inicialmente abonan la idea de la desjuridificación. El primero sería la casi total retirada del Derecho penal del ámbito del matrimonio. Para algunos autores hoy existiría tan sólo un «Derecho penal residual» en el campo de la familia; un Derecho penal que aparecería como una norma ilusoria para lograr objetivos coactivos en relaciones que se resisten a un tratamiento sancionador [141]. Efectivamente, parece producirse como una cierta impotencia del Derecho en el marco de las relaciones familiares, cuyo ser «fluido y misterioso» escapa al mecanismo de la sanción y de la conscripción, deteniéndose en el «umbral del sentimiento» [142].

capacitación de la comunidad cara a la protección y la promoción de la institución familiar basada en el matrimonio».

[140] Cfr. CATALA, «Rapport de synthèse», en *Aspects de l'évolution récente du Droit de la famille*, cit., p. 2.

[141] Como dice M. T. MEULDERS-KLEIN (*Famille, Droit et changement social dans les sociétés contemporaines. Rapport général de synthèse*, cit., p. 750): «En la primera mitad del siglo XX se esperaba que este derecho [el penal] reforzaría las reglas del Derecho civil en materia de familia, pero hoy ocurre lo inverso: en el campo de la familia comienza el Derecho penal a ser residual, o de tal manera pluridisciplinar que pierde su fuerza represiva. La razón hay que buscarla más en una cuestión de adecuación de medios que en una cuestión moral.»

[142] Ibídem, p. 751. Esta tendencia es en el Derecho español especialmente significativa, incluso en aquellos supuestos en que se dicta nueva normativa que, aun basándose en el principio de *intervención mínima* del Derecho penal, tímidamente intenta reforzar su papel en el marco del Derecho de familia. Piénsese, por ejemplo, en la reforma del Código penal operada por la Ley Orgánica 3/1989, de 21 de junio, que introduce el artículo 487 bis, a través del cual se penaliza el impago de pensiones económicas subsiguientes a una separación legal, divorcio o declaración de nulidad. Aun siendo razona-

El segundo dato podría ser la debilitación que en el Derecho se observa para cumplir sus clásicas funciones organizativa y de realización de una justa paz social, es decir, de su decidida y tradicional intervención en los momentos constitutivo y crítico de la relación matrimonial. Esas funciones que llevaron a denominar gráficamente al Derecho matrimonial como un «derecho intermitente» [143]. Un Derecho que se pondría en pie de guerra cuando el matrimonio se constituye (estableciendo sus requisitos de fondo y forma) y cuando entra en fase patológica, para señalar las soluciones sintomáticas o etiológicas de las crisis conyugales, en el orden personal y en el patrimonial [144]. Actualmente se observa un retroceso del Derecho —o al menos del *Derecho estatal*—, precisamente en esos dos momentos del matrimonio en los que la conducta social durante siglos se plegó ante el orden jurídico. Parece como si progresivamente se trasvasaran al dominio sociológico las cuestiones conexas con la capacidad para el matrimonio (incluida la heterosexualidad), los derechos y deberes que se integran en la propia relación matrimonial, así como la disolución, que no dependería tanto de causas predeterminadas por el Derecho como de las que dicten en cada caso la voluntad conjunta, o incluso unilateral, de los esposos.

En fin, otro dato consistiría en la evidente reducción de la juridicidad en la regulación de las relaciones personales entre los cónyuges (aunque no, como veremos, entre padres e hijos), paralela a la reducción del papel de la normativa de Derecho privado o, si se quiere, del Derecho civil en las relaciones familiares. De modo que las cuestiones reciben, a veces, soluciones puramente administrativas, como por ejemplo en el caso del divorcio. Esto ya ocurre *formalmente* en Dina-

bles algunas críticas al nuevo tipo penal (cfr. A. PANIZO, «Tratamiento penal de las obligaciones económicas derivadas de la relación jurídica familiar», *Anuario de Derecho Eclesiástico del Estado,* IX (1993), en especial pp. 266 ss.; L. ÁLVAREZ PRIETO, «Incidencia de la actualización del Código penal en el Derecho matrimonial», *Revista de la Facultad de Derecho de la Universidad Complutense de Madrid,* n.° 77, p. 74), la verdad es que en una primera aproximación, como con buen criterio me hacía notar mi colega el profesor Rafael Rodríguez Chacón, parece más lógico encarcelar a un sujeto que no paga la pensión de sus hijos (desentendiéndose de si comen o no) que hacerlo con otro que roba para dar de comer a sus hijos. Sin embargo, es postura abrumadoramente mayoritaria entre los jueces dejar habitualmente en la calle al primero (cuando un juez se aparta de esta posición mayoritaria su actuación es materia de primera página en los periódicos y de solemnes protestas por parte de asociaciones de padres separados) y poner, en todo caso, a buen recaudo al segundo.

[143] J. CARBONNIER, *Derecho flexible,* trad. de L. DÍEZ-PICAZO, Madrid, 1974.

[144] L. DÍEZ-PICAZO (*Familia y Derecho,* Madrid, 1984, pp. 21 ss.) ha realizado un excelente análisis de estas funciones del Derecho en el matrimonio.

marca y *de hecho,* aunque aún no de derecho, en bastantes de los derechos occidentales, donde el puro trámite administrativo sustituye a normativas antaño radicadas en el Derecho civil [145].

A todo ello se puede añadir lo que comienza a denominarse la *desjurisdiccionalización* del matrimonio. Es decir, no tanto la abstención intervencionista del juez en los conflictos familiares como su intervención menos profesionalizada, menos decisoria y más negociada, más «terapéutica». Si se quiere, un ejercicio de la justicia por el juez menos *normativizado* en criterios legales y más en contacto con el mundo extrajurídico de los expertos médicos o psicológicos. En una palabra, una justicia de «proximidad» [146], mucho más inmersa en lo social según el principio de funcionamiento capilar, y cada vez más lejana de ese modelo de justicia jurisprudencial, elaborada doctrinalmente, de grandes dimensiones y con instrumentos judiciales estrechamente relacionados con el Derecho.

No obstante todos los datos hasta ahora enumerados, y probablemente por ellos, la verdad es que la desjuridificación total del matrimonio no sólo corresponde a posiciones seráficas sino también de imposible realización. Seráficas porque coinciden con la rousseauniana en la que «la familia sería reenviada al reino de la *philia,* del amor y del sentimiento, que demasiado derecho podría matar» [147]. Y tan imposible que irónicamente se ha hecho notar cómo, para escapar a toda relación jurídico-matrimonial, «no sería suficiente quedarse soltero, sería necesario entrar en la vida monacal» [148]. Veamos por qué.

Tanto en el matrimonio como en la familia, hay que distinguir una normatividad interna y otra externa. Por normatividad interna se entiende las grandes reglas de fondo que constituyen sus rasgos dominantes y su identidad institucional, aquellos que vimos en la primera parte de este trabajo y que coinciden con las notas de heterosexualidad, consensualismo, monogamia, permanencia y cierta dosis de formalización. Esta normatividad interna genera una mínima pero inevitable normatividad externa que la protege y que orienta la propia

---

[145] Cfr. V. Pocar, «Trasformazioni delle famiglie e regolazione sociale. Osservazioni comparative», en *Forme delle famiglie, forme del diritto: mutamenti della famiglia e delle istituzioni nell'Europa occidentale,* cit., p. 185.

[146] J. Commaille, «Le regolazioni della famiglia francese. Definizioni complesse dei rapporti pubblico-privato», en *Forme delle famiglie...,* cit., p. 82.

[147] J. Carbonnier, Prefacio al volumen *Le Droit non civil de la famille,* Paris, 1983, p. IX.

[148] W. Muller-Freienfels, «Cohabitation and Marriage-Law», *International Journal of Law and the Family,* I, 1987, p. 284.

institución hacia unos fines definidos y estables. Cuando dicha normatividad interna se erosiona, produciéndose un déficit a través de la absolutización de la afectividad y el subjetivismo, es decir, cuando el *favor facti* sustituye al *favor iuris*, a remolque de la dictadura de los hechos, es entonces cuando se produce, paradójicamente, lo que ha llamado D'AGOSTINO «la hipertrofia de lo jurídico». Es decir, una desorientación del propio Derecho que le lleva a ocupar zonas hasta ahora extrañas para él, entre las que destaca el desaforado control social. Es la paradoja de la «desjuridificación juridificadora» [149]. Sus manifestaciones son múltiples. Aquí me voy a referir solamente a algunas más llamativas.

1.3. EL AVANCE DE LA JURIDICIDAD EXTERNA: EL DERECHO SOCIAL

Hemos señalado un cierto retroceso del Derecho civil en la regulación del matrimonio y de la familia. Ahora desearía llamar la atención sobre el avance del Derecho social, que está produciendo una sustitución de derechos, que nada tiene de desjuridificación.

Una de las claves es la progresiva sustitución de la noción unitaria de familia, la conyugal, basada en el matrimonio, por un concepto plural de familia, que viene llamándose «familia proteiforme» [150]; una especie de hidra de múltiples cabezas, cada una de ellas exigiendo protección. Naturalmente el modelo continúa siendo el tradicional, pero, junto a él, se detectan otras formas derivadas de su erosión,

---

[149] Así describe el fenómeno F. D'AGOSTINO (*Elementos para una filosofía de la familia*, Madrid, 1991, pp. 63-64): «Al provocarse una pérdida de normatividad interna en la familia, la absolutización de la afectividad produce en su entorno un imprevisto incremento del influjo de la normatividad externa; genera ese proceso de colonización de los mundos vitales de las sociedades avanzadas [J. HABERMAS (ed.), *Observations on "The Spiritual Situation of the Age"*, Cambridge, Mass., 1984]. Éste no es un mundo liberado del derecho, sino caracterizado por una hipertrofia de lo jurídico, por la extensión de las normas jurídicas a zonas antes no reglamentadas [...]. Lo que se llama la patología de la juridicidad: la expansión de lo jurídico que es patológica, pues en lugar de responder con un esfuerzo creador a las exigencias de la realidad en sus nuevas formas de conflictividad social, actúa a través de una mera legalización extrínseca de decisiones de carácter estrictamente político [...]. En lugar de constituir un espacio de protección contra la patología de la modernidad, la familia conduce a exasperarla, cuando arrollada por la lógica de la desinstitucionalización, renuncia a la propia juridicidad intrínseca, y se ve, de hecho, obligada a aceptar pasivamente una reglamentación extrínseca.»

[150] P. RONFANI, «Verso una degiuridicizzazione e una degiurisdizionalizzazione della famiglia?», en *Forme delle famiglie, forme del diritto: mutamenti della famiglia e delle istituzioni nell'Europa occidentale*, cit., p. 10.

como son *la familia reconstituida,* que surge de la progresiva debilitación de la estabilidad del matrimonio y que encuadra a los divorciados casados de nuevo; *la de los convivientes heterosexuales,* un subproducto de la desformalización matrimonial y del paradójico avance de la formalización extramatrimonial; *la de los convivientes o «casados» homosexuales,* que implica la mimética atracción hacia la familia legítima, pero a través de modalidades no heterosexuales; *la familia de solitarios,* compuesta de célibes o ex casados, y la *monoparental,* no sólo formada por viudos(as) y separados(as), sino con demasiada frecuencia por madres solteras e hijos. Surge así un pluralismo jurídico que sustituye la moderada producción de derecho que generaba la familia de base matrimonial por una auténtica explosión de derechos sociales, fundamentalmente de asistencia social y de seguridad, que puede condensarse en la feliz expresión de CARBONNIER «a cada uno su familia, a cada familia su derecho» [151]. Un orden jurídico menos preocupado de la supervivencia de un orden familiar estable cuanto de envolver con sus ramificaciones a las diversas familias por él mismo propiciadas.

La desinstitucionalización de la familia, simbolizada en la multiplicidad de sus formas, revierte en un paralelo proceso de institucionalización. Se manifiesta éste en la solicitud con que se reivindica el carácter pretendidamente institucional de los nuevos núcleos familiares, desgajados de su tradicional centro que es la familia conyugal. Naturalmente, es una institucionalización que bien podría calificarse de «fugaz», que institucionaliza la precariedad; lo que se ha llamado «familias de riesgo», probablemente porque la institución corre en ellas el riesgo de subordinarse a los avatares de la felicidad, real o aparente, de cada uno de los miembros que la componen. Precisamente lo contrario de la familia conyugal y estable, que inevitablemente y con frecuencia subordina el bien privado al propio interés familiar [152].

En realidad, se ha producido un cambio de posición del Estado frente al matrimonio y la familia, y correlativamente un cambio en la perspectiva jurídica con que se les contempla. La dictadura de los hechos, ese *favor facti* al que me referí, ha modificado el anterior sometimiento de la conducta social a la normativa jurídica dictada por el Estado; lo que antes venía regulado por la ley —capacidad para el

[151] Tal es el título de uno de los capítulos del libro de J. CARBONNIER, *Essais sur les lois,* Paris, 1979, cit. por COMMAILLE, *op. cit.,* p. 76.

[152] Cfr. Conclusiones de la Conferencia de Ministros Europeos encargados de Asuntos Familiares (XXIII sesión, París, 14-15 de octubre de 1993), en *Derechos del niño y familia en Europa,* Fundación Encuentro, Cuaderno 160, Madrid, 1993, p. 92.

matrimonio, derechos y deberes entre esposos, disolución, etc.— hoy viene progresivamente abandonado al dominio de lo sociológico.

Las razones son múltiples, pero probablemente sea el déficit moral o ético la clave del problema, sobre el que aquí no podemos detenernos. Prescindiendo ahora de estas causas de fondo, la realidad es que lo descrito no ha significado el avance de una actitud totalmente abstencionista por parte del Estado. Más bien lo que se produce es una actitud nueva, que implica una atención activa, a veces mayor, frente a la familia, aunque de distinto signo a la tradicional. Adaptándose a la tendencia de los ciudadanos a dirigirse al Estado o a otros grupos, en lugar de a la propia familia, para resolver sus problemas, la administración se ocupa activamente de las consecuencias económicas de la disolución de la familia y del bienestar de los niños, nacidos o no de una cohabitación oficial. Un proceso que ha llevado a Daniel BELL a hablar de un *ménage* público [153]. Quizá no fuera arriesgado afirmar que, más que restricción de la intervención del Derecho, simplemente nos encontramos ante una dilatación de la discrecionalidad; la aparente desjuridificación de las relaciones familiares no significaría, paradójicamente, un brusco descenso de juridicidad. En otras palabras, posiblemente se sustituye un derecho constitutivo— y con mayor abundancia— por un derecho restitutivo [154]. A lo que habría que añadir, fuera de la perspectiva estatal y en el marco del Derecho privado, la explosión de formas de Derecho espontáneo o subfamiliar, que preanuncia «un avance de la vitalidad de los fenómenos *microjurídicos*»,

[153] «The public household», 37, *The Public Interest,* 29, 1974, citado por M. A. GLENDON, «La transformation des rapports entre l'État et la famille dans l'évolution actuelle du droit aux États-Units», en *Famille, Droit et changement social dans les sociétés contemporaines,* Bruxelles, 1978, p. 46.

[154] Así lo explica POCAR (*op. cit.,* p. 185): «El acogimiento del paradigma de la diversidad ¿significa la desjuridificación de la familia?: La cuestión no es nueva, y parece razonable pensar en movimientos ondulatorios en la tendencia al aumento o a la disminución de la regulación institucional de las relaciones familiares. Efectivamente hay una evidente reducción de la juridicidad en la regulación de las relaciones entre adultos, pero un aumento en el caso de las relaciones entre padres e hijos. Paralelamente, a una reducción de la esfera de regulación del derecho privado [...] y a la creciente autonomización de los miembros de la familia corresponde en muchos casos una dilatación de la esfera de regulación del Derecho público, sobre todo atendiendo al menor. Se diría que hay una tensión entre la regulación normativa típicamente operada por el derecho civil y la regulación social operada por los instrumentos del *Welfare State,* con recíprocas relaciones de cambio que siguen ritmos evolutivos diversos. No sería arriesgado afirmar que más que restricción de la intervención del Derecho cabría hablar simplemente de una dilatación de la discrecionalidad, y que la aparente desjuridificación de las relaciones familiares significaría, por paradoja sólo aparente, un aumento de juridicidad. Está prevaleciendo un Derecho restitutivo sobre el represivo.»

en los que la autonomía privada impondría sus propias leyes dentro del ámbito familiar [155].

1.4. Un Derecho puerocéntrico

En un contexto familiar cambiante el punto de referencia más estable suele ser el niño, lo que ha llevado a hablar de una sociedad «puerocéntrica» [156]; que es tanto como decir que, en ella, los controles sociales y la correspondiente juridicidad aneja se intensifica en torno a los hijos. Esto explica que si, como vimos, en las relaciones familiares entre adultos las dosis de juridicidad disminuyen, alrededor de los hijos se detecta un aumento espectacular: ya sea a través de decisiones judiciales o mediante normativa social.

Probablemente la razón estribe en que la llamada «medicalización de la sexualidad», operada a través de los anticonceptivos, ha producido una baja fecundidad y el correspondiente proceso de superprotección de la menguante prole. Superprotección no siempre estrictamente beneficiosa, en la que, entre otros, destacan dos efectos. El primero, de consecuencias externas a la propia familia y cada vez más necesitado de un suplemento de producción jurídica que las remedie. Me refiero al efecto «explosión postadolescencia», atentamente estudiado por la sociología. Así, por ejemplo, para L. Roussel [157] en la familia de fratría escasa la excesiva o, al menos desenfocada, atención que el niño recibe de los padres le confirma en una cierta ilusión de omnipotencia. Su entorno se vuelca en lo inmediato, y todos sus deseos son inmediatamente satisfechos: «su reino es demasiado tiempo el de un instante». Pero al llegar a la adolescencia, la realidad se le torna hostil al no hacer posible la obtención inmediata de los deseos generados por nuevos estímulos. Este desconcierto produce con demasiada frecuencia una «explosión interior», que también suele desembocar —aunque no sólo por esta causa— en la atracción hacia la droga, la delincuencia o la enfermedad mental. La consecuencia externa a la propia familia es el establecimiento de una legislación reticular orientada hacia la prevención de la drogadicción, atención médica especia-

---

[155] J. Rubellin-Devichi, «Avant-Propos» al volumen *Des concubinages dans le monde*, Paris, 1990, p. 11.

[156] La expresión es de Pocar, *op. cit.*, p. 191.

[157] L. Roussel, «Fecundidad y familia», Conferencia Europea sobre población, Estrasburgo, 18-19 de junio de 1992, en *El futuro de la familia*, Servicio Documentación de la Fundación Encuentro, Madrid, 1993, pp. 96-97.

lizada, reforzamiento de los tribunales tutelares de menores, de los juzgados de familia, etcétera [158].

Un segundo efecto del puerocentrismo social sería el fortalecimiento de la paulatina consideración del niño como titular de una serie de derechos cada vez más delimitados y que tienen manifestaciones muy variadas en las propias relaciones intrafamiliares, entre padres e hijos. Cabría destacar el planteamiento de la posibilidad de considerar a los hijos menores como sujetos jurídicos autónomos, dotados de la facultad de asistencia jurídica para que, en su nombre, se ejerciten derechos independientes respecto a los padres. Es decir, la consideración de los hijos como «sujetos autónomos» dentro de la familia [159].

Si legislativamente tales propuestas han sido acogidas con reticencia, en el plano jurisprudencial se observa una clara tendencia de aceptación. Así, las Cortes norteamericanas se han debido enfrentar con batallas legales planteadas por menores contra sus padres biológicos. Un ejemplo reciente ha sido el caso de la niña Kimberly Mays, confundida al nacer por un error del hospital, y que presentó demanda para que los tribunales le reconocieran su derecho a no permanecer bajo la custodia de sus padres biológicos y continuar con la familia en que creció [160].

Otra manifestación es la potenciación del derecho del niño a conocer sus orígenes. Prescindiendo ahora de los problemas planteados

[158] Incluso en aquellos ámbitos europeos en que era tradicional una menor incidencia del Derecho en las relaciones padres-hijos, se observa un aumento de la normatividad. Todos los Estados miembros del Consejo de Europa tienen leyes, incluso artículos de su Constitución —como Irlanda, Italia, Portugal— que fundamentan las relaciones entre padres e hijos. Grecia explica en su informe (Conferencia de Ministros Europeos encargados de Asuntos Familiares, *loc. cit.*, p. 26) que «en general, las relaciones familiares se fundan en este país más en la afectividad que en las normas de derecho. Los sentimientos de los padres griegos respecto a sus hijos son particularmente vivos y están profundamente enraizados; no se imponen por ley, derivan del origen de la vida en común, los valores morales, la historia, las tradiciones del pueblo y el papel que ha desempeñado la institución familiar en la larga y tormentosa historia de la nación griega. Sin embargo, es necesario el paso de los sentimientos a las obligaciones jurídicas y constituye un recurso de seguridad para la protección de los niños en general.»

[159] Vid. el estado de la cuestión en Dinamarca (V. VINDELOV, *Il diritto di famiglia in Danimarca*, cit., p. 68), Holanda, Bélgica y, en general, los países de la UE: «Políticas familiares, derechos de los niños, responsabilidades parentales; síntesis de las respuestas nacionales; Conferencia de Ministros Europeos encargados de Asuntos Familiares». (XXIII sesión, París, 14-15 de octubre de 1993), cit., en especial pp. 17 ss.

[160] Cfr. diario *Abc*, 4 de agosto de 1993, p. 65. El mismo número de este diario hace referencia al caso de la niña Jessica De Boer, en el centro de una batalla legal entre sus padres adoptivos y sus padres biológicos al pedir éstos de nuevo su custodia después de retractarse del consentimiento otorgado para que Jessica fuera adoptada. El problema surgió al expresar la niña su deseo de continuar bajo la potestad de los padres adopti-

por la fecundación heteróloga a través de la donación anónima de esperma, a la que más tarde se alude, la Corte Constitucional alemana ha declarado que el derecho a conocer el propio origen es un derivado necesario del derecho general de la personalidad protegido por la Constitución federal. La sentencia (31 de enero de 1989) atiende la pretensión de una joven que contestaba su legitimidad reconocida por sus padres: la realidad era que la paternidad impugnada por la hija pertenecía a una tercera persona [161].

Por lo demás, en Bélgica, a partir de los quince años puede ejercitarse la acción del propio reconocimiento y actuar por vía judicial en lo que se refiere a su contrato de trabajo. Holanda y Grecia establecen en sus legislaciones la posibilidad de que judicialmente se designe un representante *ad hoc* a un niño cuyos intereses entren en conflicto con los de sus padres [162]. Y en España el artículo 156 del Código civil obliga al Juez a oír a los mayores de doce años en caso de desacuerdo de los padres; lo que se ha generalizado a los procesos de nulidad, separación y divorcio (art. 92 Cc) y al supuesto en que los padres vivieran separados y no se pusieran de acuerdo sobre la guarda y custodia de los hijos menores de edad (art. 159) [163]. Al tiempo que pierde importancia en las relaciones padres-hijos el elemento carnal o biológico, en beneficio del elemento psicológico o afectivo, se produce una sobredosis jurídica en materia de adopción, que en verdad puede calificarse de «institución en euforia» [164].

vos frente a la reclamación legal planteada por los padres biológicos. Sobre la orientación de las Cortes estadounidenses en casos similares al mencionado en el texto, puede consultarse el caso del niño Gregory Kinsley, de doce años, resuelto el 25 de septiembre de 1992 [*In the Interest of G. Kinsley,* 1992 WL 551484 (Fla. Cir. Ct)], de amplio eco en la prensa norteamericana. Así el *Chicago Tribune* (17 de abril de 1994, p. 1, suplemento) añade a los casos *Kinsley* y *K. Mays* el de Jenny Yang, de once años de edad, que solicitó del juez estatal de circuito que suprimiera los «derechos de visita» de que gozaban sus padres biológicos. Entre los estudios doctrinales sobre esta cuestión puede verse V. MIKESELL, «Evolution and Revolution in Family Law», *St. Mary's Law Journal,* vol. 25 (1993), pp. 405 ss. La Cámara de Representantes del Estado de Florida acaba de aprobar una ley por la que los niños podrán demandar a los padres que «abusen de ellos o les torturen física o psíquicamente». La Cámara ha remitido el documento al Senado del Estado, donde parece que encontrará dura resistencia según la patrocinadora del proyecto de Ley, la demócrata Debbie Wasserman Schultz.

161 *Fam RZ,* 1989, p. 255.

162 Cfr. Conferencia de Ministros Europeos encargados de Asuntos Familiares, *loc. cit.,* p. 17.

163 Cfr. el excelente y completo trabajo de M. LÓPEZ ALARCÓN, «Adolescencia, familia y sus dimensiones jurídicas», *Anales de Derecho. Universidad de Murcia,* 11 (1991), pp. 7 ss.

164 Cfr. SACE, «Rapport General (Droit judiciare privé)», en *Aspects de l'évolution récente du Droit de la famille,* cit., p. 604. En España es significativo el rápido ritmo de reformas de la adopción: Leyes de 24 de abril de 1958, 4 de julio de 1970, 13 de mayo de 1981 y 11 de noviembre de 1987. Todavía se anuncian nuevas modificaciones.

No es mi intención agotar el problema dentro de este marco, sólo deseo aludir ahora al hecho del abundante Derecho jurisprudencial generado por la incidencia de la libertad religiosa en torno a las relaciones paterno-filiales. Sus líneas de fuerza no son estrictamente coincidentes en el Derecho comparado. Así, en materia de derecho de visita e instrucción religiosa de los hijos, la controversia se plantea sobre la cuestión de si el padre al que no le fue atribuida la guarda del hijo puede reivindicar el derecho constitucional de proporcionarle intrucción religiosa. En el marco del Derecho canadiense, por ejemplo, la *Divisional Court* de Ontario en su sentencia *Hockey v. Hockey* decidió que los derechos de visita «deben ser ejercidos de una manera compatible con el respeto de los derechos constitucionales, incluyendo la libertad de religión del padre que se beneficia de ellos» [165]. El Tribunal Supremo de la Columbia Británica, sin embargo, sentó doctrina contraria, al afirmar en *Young v. Young* que el padre guardián tiene el derecho exclusivo de determinar la religión del hijo. De este modo, la Corte prohibió al padre visitante, testigo de Jehová, discutir de religión con sus hijos o llevarlos a una iglesia durante el ejercicio de su derecho de visita [166].

En el ámbito del derecho regional europeo destaca la reciente y discutible sentencia de 23 de junio de 1993 del Tribunal de Derechos Humanos, dictada en el caso *Hoffmann v. Austria*. Con una débil argumentación y por cinco votos contra cuatro, se entiende contraria a la Convención de Roma la decisión de la Corte Suprema de Austria de que le sean retirados a la madre (testigo de Jehová) los hijos a ella confiados inicialmente para dárselos al padre (católico). La Corte austríaca había entendido que la madre había alterado unilateralmente la decisión conjunta que ella y su marido habían tomado cuando contrajeron matrimonio, momento en el que la esposa era también católica. Los hijos, pues, habían de educarse en la religión católica. A lo que se añadía la conveniencia de la continuidad en la educación religiosa, para evitar traumas psicológicos en el niño ante el cambio. El Tribunal de Estrasburgo entiende que la medida adoptada por la Corte Suprema austríaca perseguía un fin legítimo— la protección de los hijos—, pero añadiendo que no hay una relación de proporcionalidad entre el fin pretendido y los

[165] En consecuencia, se entendió que el padre, no titular del derecho de custodia y testigo de Jehová, podía llevar a sus hijos gemelos de cinco años a su Iglesia y hacerles partícipes de sus creencias religiosas, pues la Corte no estaba convencida «de que hubiera pruebas convincentes acerca de que la iniciación a dos religiones sea contraria a los intereses superiores de los niños»: (1989), 21 R.F.L. (3d) 105, at 106 (Ont. Div. Ct.).

[166] (1989), 24 R.F.L. (3d) 193 (B.C.S.C.), citada por N. BALA y M. BAILEY, «Canada: La polémique continue sur les droits des époux en matière d'avortement et de pensions alimentaires», en *Regards sur le droit de la famille dans le monde*, Paris, 1991, p. 88.

medios empleados, pues la fórmula finalmente adoptada por Austria se había decidido teniendo en cuenta la ley de educación religiosa como factor principal. Para el Tribunal, «una distinción basada esencialmente sobre una diferencia de religión no es aceptable».

Al condenar a Austria, la Corte de Estrasburgo no valora adecuadamente, en mi opinión, el peligro potencial que para los hijos puede tener el cambio de educación, en especial la faceta relacionada con la prohibición moral de recibir tratamiento hemotransfusional con el consiguiente riesgo para la integridad física [167]. De ahí que me parezcan razonables los votos particulares contrarios a la sentencia. En especial los de los jueces BONNICI y VALTICOS. Para el primero, la decisión de la Corte Suprema austríaca era acertada cuando sentó el principio de que la educación religiosa de los niños Hoffmann debía adecuarse al acuerdo inicial y libremente adoptado por ambos padres. La ruptura del matrimonio no autoriza ni a los cónyuges ni a la justicia a alterar, en este punto, lo convenido. Por su parte, VALTICOS observa que la decisión de la Corte Suprema austríaca no se fundamenta en la nueva fe abrazada por la madre, sino en las consecuencias potencialmente perniciosas que esto entraña en los hijos en materia de transfusiones de sangre [168].

---

[167] Sobre esta cuestión y la toma de postura de la jurisprudencia europea y americana, vid. R. NAVARRO-VALLS, J. MARTÍNEZ-TORRÓN y M. A. JUSDADO, «La objeción de conciencia a los tratamientos médicos: Derecho comparado y Derecho español», en *Las relaciones entre la Iglesia y el Estado. Estudios en memoria del profesor P. Lombardía*, Madrid, 1989, pp. 902 ss.

[168] Sentencia de 23 de junio de 1993 en el caso *Hoffmann v. Austria*, de la Corte Europea de Derechos humanos (Cour Européenne des Droits de l'homme, Strasbourg, 23 de junio de 1993). La sentencia aún no ha sido oficialmente publicada. Utilizo el original francés de la misma. Los primeros comentarios de la doctrina han sido críticos con Hoffmann. Así, J. MARTÍNEZ-TORRÓN [«La libertad religiosa en los últimos años de la jurisprudencia europea», *Anuario de Derecho Eclesiástico del Estado*, IX (1993), p. 82, nota 108] observa: «[...] el Tribunal para nada alude a la posible incompatibilidad de la ley austríaca de educación religiosa con el Convenio europeo, ni a la razón de que su aplicación concreta a este supuesto determine un tratamiento discriminatorio para la parte que la infringe. En segundo lugar, no se explica por qué la Corte suprema no puede llegar a conclusiones distintas de las que presidían las decisiones de las Cortes inferiores cuando valora las consecuencias negativas *objetivas* que puede tener para un menor su educación en una determinada fe religiosa, sobre todo en la circunstancia de que ambos padres estaban suficientemente capacitados para hacerse cargo del cuidado de los hijos [...]. Finalmente, tampoco resulta muy comprensible —y así lo hace notar la opinión discrepante del juez Mifsud Bonnici— la constatación del Tribunal europeo acerca de que es precisamente la referencia de la Corte Suprema austríaca a la Ley de libertad religiosa la que induce a pensar en una diferencia de trato discriminatoria; especialmente si se piensa que no es el principal fundamento de su decisión: más bien parece que la Corte Suprema compartía la argumentación del marido sobre los efectos negativos que tendría para los hijos su integración en los testigos de Jehová, pero sólo

En fin, sintomático de este incremento de juridicidad en el aspecto aludido es la conclusión adoptada en la última Conferencia de Ministros Europeos encargados de Asuntos Familiares: «los poderes públicos deben tomar las medidas necesarias para hacer posible que los niños gocen de sus derechos. Por otra parte, están obligados a intervenir según las normas del derecho en la esfera privada de la familia cuando el niño esté en peligro. Deben ser conscientes de las responsabilidades y dificultades que existen para respetar tanto como sea posible la integridad de la familia, por una parte, pero también para identificar los casos de violación de los derechos del niño por miembros de la familia y determinar las acciones adecuadas» [169].

2. LA PRIVATIZACIÓN

2.1. PRIVADO Y PÚBLICO EN EL MODELO MATRIMONIAL CLÁSICO

Como vimos anteriormente, el Derecho canónico clásico al elaborar el modelo matrimonial no desconocía la distinción entre lo público y lo privado. Pero, en realidad, lo privado se constituía sólo por aquellos reductos jurídicos inaccesibles al control de todos y reservados al individuo en su singularidad. Sin embargo, tanto lo que era de esfera pública como lo que se constituía en el marco privado tenían un esencial punto de coincidencia: los valores comunes a ambos y su subordinación a ellos [170].

En el marco matrimonial se había superado el viejo individualismo romano que oscilaba entre la repugnancia y el rechazo a la intervención de la *civitas* en el terreno reservado a la vida familiar: aquel silencio jurídico que le llevaba a «callar» en los momentos constitutivo y extintivo del matrimonio. Sin que pueda aducirse propiamente como base de la posterior privatización del matrimonio la «imprudente» [171] calificación jurídica del matrimonio como un contrato, a la que teólo-

podía revocar las sentencias de los Tribunales inferiores en caso de apreciar "una ilegalidad manifiesta".»

[169] Conferencia de Ministros Europeos encargados de Asuntos Familiares, Comunicado final, París, 15 de octubre de 1993, en *Derechos del niño y familia en Europa,* Fundación Encuentro, Cuaderno 160, Madrid, 1993, p. 5. Muy recientemente L. DÍEZ-PICAZO («Presentación al libro de B. VARGAS, *La protección de menores en el ordenamiento jurídico,* Granada, 1994, p. XX) ha observado que nos encontramos «ante un Derecho de familia que oscila entre la autonomía de los órganos familiares [...] y las intervenciones de la autoridad. Estas intervenciones son muy acentuadas en los casos de necesaria protección de los menores.»

[170] Cfr. P. SCOPPOLA, «Pubblico e privato: aspetti storico-politici», en *La famiglia crocevia della tensione tra «pubblico» e «privato»,* Milano, 1979, p. 25.

[171] Así la califica GAUDEMET, *El matrimonio en Occidente,* cit., p. 370.

gos y canonistas se habían adherido a partir del siglo XIII. Tal inserción en nada preanunciaba las consecuencias posteriores que indebidamente se extrajeron, ni era previsible su derivación en esa otra ulterior privatización a la que ahora nos vamos a referir. Entre otras cosas porque la base de la noción se encontraba más bien en la de *foedus*, elaborada por la patrística, que sólo más tarde implicó la más jurídica de *pactum*.

De hecho, la primera y básica privatización del matrimonio, es decir, la operada por la Reforma protestante, y de la que serán tributarias todas las posteriores, no tendrá origen en un debate jurídico sino teológico. No será tanto el fruto de disquisiciones jurídicas como, lisa y llanamente, del rechazo de todo derecho. La negativa a considerar el matrimonio un sacramento, la consiguiente exclusión del Derecho sacramental elaborado por el papado y su sustitución por un conjunto de directrices en las que se entreveía «un vago recuerdo del Derecho romano» [172], será el caldo de cultivo de la progresiva exaltación de los valores individuales y el consiguiente y lento alejamiento de un interés superior al que se subordinarán los protagonistas del matrimonio.

2.2. Privado y público en el matrimonio moderno

Sin embargo, ni el humanismo renacentista ni el de la reforma protestante extrajeron todas las consecuencias individualistas que van a caracterizar el Derecho matrimonial de la segunda mitad del siglo XX. Fue necesario antes la sustitución de la escuela del Derecho natural objetivo de corte aristotélico y tomista por la escuela del Derecho natural subjetivo; la afirmación de los postulados del iluminismo y la progresiva extensión al continente del empirismo radical de base anglosajona. El resultado será la consideración, más o menos explícita, del matrimonio como un instrumento de autoafirmación personal; su conversión de espacio natural de la entrega en el *hábitat* específico de los afectos; y, quizá, «el encierro de la familia en el *búnker* de la autosatisfacción» [173]. En este contexto, la vieja idea de la existencia de un «interés de la familia» que trascendiera y coordinase los intereses individuales, queda reducido a un vago e inconcreto principio que expresaría, a lo más, la suma de intereses individuales cualitativamente idénticos no susceptibles de subordinación a ninguna instancia supe-

[172] Ibídem, p. 314.

[173] N. Lipari, «Prospettive e proposte per un ruolo della famiglia nella società civile», en el vol. cit. *La famiglia crocevia della tensione tra «pubblico» e «privato»*, p. 289, con cita de A. C. Jemolo, «La famiglia e il diritto», en *Pagine sparse di diritto e storiografia*, Milano, 1957, pp. 222 ss.

rior. Una concepción que encontrará su adecuada categorización [174] en esta expresión de la literatura jurídica anglosajona: «*From institution to partnership*». Es decir, una concepción que sustituye el primado del deber por el del derecho subjetivo y en la que la tutela del grupo familiar no se solicita y actúa por sí mismo, como entidad supraendividual, sino más bien en cuanto formación social capaz de promover el desenvolvimiento de la personalidad individual de sus miembros.

Llevado a sus últimas consecuencias un modelo no muy distante de lo que autorizadamente se ha descrito como «una corrupción de la idea y de la experiencia de la libertad, concebida no como la capacidad de realizar la verdad del proyecto de Dios sobre el matrimonio y la familia, sino como una fuerza autónoma de autoafirmación, no raramente contra los demás, en orden al propio bienestar egoísta» [175].

No se crea, sin embargo, que este proceso ha sido lineal y sin titubeos. En realidad el Derecho siempre ha dudado, al adoptar soluciones prácticas, en acogerse a uno de los dos modelos en presencia, el comunitario o institucional y el individualista o intimista. Oscilación que es fruto de la propia inseguridad del Estado acerca de si la verdadera dicha y paz familiar pasaría «por más individualidad y menos socialidad o a la inversa» [176].

Esto explica las fluctuaciones que ha sufrido el Derecho matrimonial moderno. Ha conocido el tránsito de una visión inicialmente individualista a otra panpublicista para terminar actualmente en una renovada visión individualista o privatista, aunque de signo muy distinto a la anterior. Efectivamente, el modelo de matrimonio que generará la sociedad burguesa del XVIII se inspira [177] en una clara prevalencia de lo privado sobre lo público; incluso cuando este último consolidaba su influencia en un determinado ámbito institucional solía ser respetuoso con la esfera privada y sus derechos. A esta moderada visión privatista se superpondrá la concepción publicista o institucional, donde el matrimonio, y en realidad todo aspecto relacional de la vida individual y privada, se inscribe en un fin que lo transciende. Este «interés de la familia» ligará de modo orgánico a los protagonistas de la relación conyugal, confiriendo sentido a su acción, y engranándolo en el propio devenir de la Historia. El individuo encontraría

---

[174] Cfr. L. MENGONI, *La famiglia...*, cit., p. 270.

[175] JUAN PABLO II, *Familiaris consortio*, Primera parte, ap. 6, párrafos segundo y tercero.

[176] L. MENGONI, *op. cit.*, p. 270.

[177] Sigo, en sus líneas generales, la lúcida síntesis de G. LO CASTRO, *L'idea di matrimonio e i rapporti interordinamentali*, cit., pp. 45 ss.

así una dignidad que, aislado, no tendría; como si su singularidad tendiera fatalmente a cristalizar en una defensa egoísta de sus propios derechos.

Actualmente, el matrimonio torna a ser contemplado en función de valores privados. Bien entendido que ahora «lo privado» no es percibido o teorizado como raíz y fundamento de lo público, sino como una dimensión o un espacio formado por derechos y atributos intimistas cuya afirmación y protección es asegurada desde la dimensión pública. Se explica así una cierta ambivalencia en la regulación de la familia y el matrimonio; por un lado parece tener como objetivo la liberación del individuo de toda atadura, por otro, lo hace cada vez más tributario de esa regulación multiplural clásica del *Welfare State,* con su miríada de leyes particulares fruto de la presión de cada individualidad sobre un colectivo estatal cuya injerencia inicialmente rechaza[178].

2.3. Contractualización y omnipresencia del querer

Para esta concepción, la prevalente, cuando no exclusiva, misión de la norma será la protección de intereses individuales, no la tutela de valores objetivos. De ahí el nuevo y radical *right of marital privacy* —antes referido—, al que corresponde una abstención del poder público de toda interferencia con lo que debe entenderse por comunión conyugal y unidad de la familia. Y de ahí también que la autonomía de la familia se conciba como convergencia de las autonomías privadas de sus miembros sobre una línea de interés común concordemente

[178] Lipari (*op. cit.*, pp. 296-297) lo expresa así: «La alternativa público-privado es la alternativa entre dos privados, en el cual cada uno tiende a ignorar al otro. Existe un privado que podríamos denominar reflexivo y un privado operativo. El conflicto no está entre el individuo que se refugia en su intimismo o particularismo y una dimensión pública en hipótesis abandonada a sí misma y capaz de generar tiranía, injusticia o dominio del hombre sobre el hombre, sino más bien entre el individuo como individualidad y el individuo como parte de una colectividad, entre el hombre que afirma principios radicados en su tradición cultural y reflejados en la carta constitucional y el hombre que contradice esos mismos principios como miembro de un sindicato, o de una categoría profesional, como componente de un grupo que tiene ciertos privilegios. Cada uno presiona sobre el Estado para obtener sus intereses, de ahí la multitud de leyes especiales, a veces una contradiciendo a la otra, pero cada una destinada a responder a una instancia particular. La crisis del *Welfare State* viene así a colocarse sobre esta plataforma de conflictualidad interprivada. Las funciones tradicionalmente propias de la esfera privada, que un lento proceso había transferido a la esfera público-estatal, viene fragmentándose en una nueva disgregación que la reprivatiza de modo anómalo, esto es, sin formalmente sacarla del territorio de lo público.»

determinado, en un proceso de contractualización de derechos y deberes. Porque, efectivamente, la *contractualización* se dibuja en el horizonte sociológico como el inevitable desenlace a que acabaría conduciendo, al parecer, la privatización de la relación familiar. Entendida, claro está, la contractualización como la tendencia a que las nuevas formas de organización familiar progresivamente se emancipen de los modelos normativos impuestos por la sociedad [179].

Esto supone, según el análisis que hace la sociología jurídica, el nacimiento de un nuevo modelo basado sobre la idea de una asociación de *partners*, en que la convivencia *more uxorio* podría llegar a ser un «mercado de cambio» entre sujetos libres, autónomos y responsables. Los «aspectos institucionales cederían cada vez más ante la decisión contractual; los sentimientos pesarían más que los compromisos; y los deseos inmediatos más que los proyectos a largo plazo» [180]. En definitiva, un modelo que se movería en la ambivalencia de una doble estrategia: de un lado, la «búsqueda de tutela»; de otro, la «búsqueda de un orden legítimo propio». Con la primera, el Derecho y el Estado vendrían obligados a tutelar las nuevas formas que la contractualización de las relaciones familiares propicia; en la segunda, la constitución de las formas matrimoniales y familiares, la extinción y resolución de los conflictos, se privatizarían plenamente en consonancia con los postulados básicos de esta nueva «familia asociativa» [181]. Ambivalencia que evoluciona de modo contradictorio, si se piensa en el contraste entre la elefantiasis del sector público y la exasperación del individualismo en las relaciones familiares; algo que, como ya observaba hace años GIACCHI, «más que un sabio y útil juego de contrapeso, puede llevar a la fractura de la sociedad y a una cierta esquizofrenia en el individuo» [182].

Quizá esta «omnipresencia del querer», y el consiguiente fortalecimiento del dogma de la voluntad en el seno de las relaciones familiares, sea el origen de llamativas contradicciones no sólo en el ámbito de las relaciones personales sino también en las relaciones entre sexualidad y procreación. Así ocurre, como ha señalado AMATO [183], con la legitimación de la esterilización voluntaria irreversible, por un lado, y, paralelamente, la admisión de un derecho al hijo sin limitaciones, con su

---

[179] Cfr. J. COMMAILLE, *Le regolazioni della famiglia...*, cit., pp. 70-73.

[180] ROUSSEL, *Fecundidad y familia*, cit., p. 91.

[181] Cfr. COMMAILLE, *Le regolazioni della famiglia...*, cit., p. 79.

[182] O. GIACCHI, «Riforma del matrimonio civile e diritto canonico», *Jus* (1-2), 1974, p. 24.

[183] S. AMATO, «Un fratello non può essere sostituito da un fratello. Note sull'unità della famiglia», en *Famiglia, diritto e diritto di famiglia*, cit., p. 159.

secuela de «encarnizamiento procreativo» a través de la fecundación artificial. Contradicción que tuvo recientemente una manifestación pintoresca en Australia, cuando un esposo que previamente se había sometido a una operación de esterilización por vasectomía, tuvo de repente un violento deseo de paternidad. A través de la donación de un óvulo por parte de su mujer y de espermatozoides por la suya, se produjo la fecundación *in vitro* y posterior nacimiento de un hijo [184].

Ya se entiende que sólo una adecuada revalorización del papel del Derecho en torno al matrimonio y las relaciones familiares puede encauzar los efectos y las contradicciones a que conduce su privatización exorbitada. Para ello previamente se necesita partir de una noción no equívoca de persona y de libertad.

Cuando se habla de la «irremediable marcha del hombre hacia los demás» [185], como algo inherente a la persona, quiere subrayarse la inevitable vocación social del hombre: su doble característica de *singulus* y *socius*. El equilibrio, difícil pero necesario, entre ser en sí y no poder ser por y para sí exclusivamente [186]. El equívoco nace de empobrecer las nociones de persona e individuo, y de agotar en esta última todos los ricos matices de aquélla. La dimensión de la persona no es única, sino doble: el estricto núcleo subjetivo que encierra la más irreductible identidad individual, el yo; y el inmediato entorno objetivo, el mundo exterior que rodea ese yo y que constituye, a pesar de ser objetividad externa y no simple subjetividad, un complemento indispensable sin el cual el *yo* podría desde luego ser pensado, pero no podría tener operaciones reales de ninguna clase. Ese yo y ese mundo exterior, entrelazados entre sí, son los que determinan en realidad que cada individuo sea persona. Lo cual significa que la intersubjetividad a la que la persona está abocada, esto es, el Derecho, es parte de su esencia misma. Ninguna persona puede así eludir esa dimensión social, jurídica, ya que eludirla es renunciar al propio plan de su yo [187].

2.4. MATRIMONIO, SUBJETIVISMO Y DERECHO

Lo cual no significa, claro está, que, huyendo del individualismo, hayamos de arrojarnos en brazos de esa especie de totalitarismo jurídico

---

[184] Cfr. A. SERIAUX, *op. cit.*, p. 79.

[185] A. HERNÁNDEZ GIL, *De la experiencia jurídica,* Madrid, 1992, p. 42.

[186] Ibídem, p. 42.

[187] Cfr. J. GUASP, *Derecho,* Madrid, 1971, p. 526; R. NAVARRO-VALLS, *Estudios...,* cit., pp. 263 ss.

en que con frecuencia acaba todo colectivismo, al concebir la persona como máxima participación, cuando no la negación misma de singularidad. De lo que aquí se habla es de buscar un orden jurídico matrimonial cuya tutela de la persona se actúe en la esfera de la interpersonalidad, no exclusivamente de la aislada individualidad. Lo que se trata, en una palabra, es evitar contemplar a la sociedad como un conjunto de individualidades insolidarias entre sí, como una desordenada algarabía de intereses encontrados sin posibilidad de normas comunes que puedan conciliarlos. La lógica consecuencia sería el *no* al Derecho.

De ahí que el subjetivismo actual, invirtiendo la tendencia histórica de siglos, aunque en teoría acepte una regulación jurídica del matrimonio, en la práctica la rechaza, en el momento mismo en que entre en contraste con la noción de Derecho y libertad que maneja. No llega a comprenderse que el subjetivismo exasperado se autorrefuta, precisamente por «no lograr, en el plano de los principios, garantizar aquella total libertad que proclama como derecho de todos» [188]. En el fondo una utopía que, como tal, es contraria al realismo. Una utopía que parte del error de plantear como antinomia lo que es complementariedad, estableciendo un irreal enfrentamiento entre autonomía personal y legalidad, entre individualidad y solidaridad. Quizá contestar con candorosa ingenuidad afirmativa a la pregunta de si es posible la pervivencia de una comunidad tan estrecha y cerrada en sí misma (pareja e hijos) desligados de todo compromiso entre sí y frente a los demás [189]. Una postura no sólo contraria a la realidad de los hechos —siempre que las excepciones fácticas no las convirtamos en reglas—, sino también contraria a la propia naturaleza e indigencia del hombre y a la misión del Derecho en la sociedad. Si el Derecho viene entendido como mera técnica de control social, es fácil que tome un matiz represivo. Pero sería cosa de preguntarse —como observa COTTA [190]— por qué entonces el hombre tiene necesidad de recurrir a un instrumento tan poco atrayente y alienante. La realidad es distinta: el Derecho es una actividad estructuralmente humana, exigida por la naturaleza que experimenta la propia indigencia. Al hacer jurídica su actividad, el hombre se abre al encuentro integrativo del otro no según su arbitrio sino según una regla objetiva.

En una espectacular *svolta* histórica, de la sacralización de lo colectivo se ha pasado a una sacralización de la *privacy* que, en realidad,

---

188 F. D'AGOSTINO, *Elementos para una filosofía de la familia,* cit., p. 126.

189 Cfr. M. T. MEULDERS-KLEIN, *op. et loc. cit.,* p. 751.

190 S. COTTA, «Sacramentaltà e realtà esistenziale del matrimonio», en *Famiglia, diritto e diritto di famiglia,* cit., p. 34.

evidencia también su indigencia. No bastándose a sí misma exige del Estado nuevas fórmulas jurídicas protectoras. Se va así engendrando «una sociedad de mónadas a la vez alérgicas y tributarias del Estado» [191]. Alérgicas, porque afirman una individualidad tendencialmente predatoria en las relaciones con los otros; y dependientes del Estado, porque postulan una serie de reivindicaciones en aumento, que fuerza la acuñación de nuevas fórmulas jurídicas burocratizadoras. El Estado se ha visto así obligado a dictar una legislación «neutral», sin tener en cuenta ni los valores ni el impacto que producía en lo que viene llamándose el ecosistema de la familia conyugal, la *Family Ecology* [192].

La restauración del equilibrio ecológico de la familia, alterado por esa serie de medidas inconexas y no siempre acordes con su propia contextura jurídica, requiere una decidida voluntad política de actuar con la vista en el horizonte futuro, no en el requerimiento a corto plazo. En este sentido JUAN PABLO II ha insistido en las «exigencias de una *ecología humana* hecha de respeto a la naturaleza del hombre en toda su dimensión» [193]. Y en otro orden de cosas Claude LÉVI-STRAUSS plantea la configuración de una auténtica libertad no siempre posible en una sociedad de individuos aislados: «A pesar de lo expresado por Rousseau, quien quería la abolición de cualquier forma social por debajo del Estado, una cierta restauración de las formas sociales menores proporciona una oportunidad de procurar algo de vigor y salud a las libertades que en este momento están debilitadas» [194].

Sin embargo, no puede olvidarse que en esta restauración del ecosistema familiar el Derecho tiene un influjo mayor mediante lo que podríamos denominar su actividad negativa. Esto es, puede contribuir a *no* erosionar el ecosistema familiar con más eficacia que a restaurarlo, una vez alterado por medidas legislativas precipitadas. En otras palabras, con frecuencia las legislaciones han sido más eficaces contribuyendo al asentamiento de las tendencias desintegradoras de la familia que a su fortalecimiento. Así, y por ejemplo, las leyes que permiten el divorcio unilateral sin condiciones, tendrán una influencia en el modo en que los ciudadanos acabarán valorando o infravalorando

---

[191] Según gráfica expresión de MEULDERS, *L'évolution du mariage..., op. et loc. cit.*, p. 230.

[192] Cfr. M. A. GLENDON, *The Transformation of Family Law. State, Law and Family in the United States and Western Europe*, Chicago/London, 1989, p. 306.

[193] JUAN PABLO II, *Alocución sobre el amor conyugal,* a un Congreso teológico-pastoral sobre la *Humanae Vitae,* 26 de noviembre de 1993, en *DP,* 158/1993, p. 238.

[194] C. LÉVI-STRAUSS, «Reflections on Liberty», en *The View from Afar,* New York, 1985, p. 288, cit. por GLENDON, *The Transformation...,* p. 309.

sus compromisos personales [195]. También cuando la ley renuncia a su papel pedagógico para ser una simple correa de transmisión de fenómenos sociales puede olvidar a la gran mayoría. El Derecho de familia se deja entonces dominar por los llamados complejos o efectos *assiduis* y *macedoniano* [196].

El primero, que toma su nombre de la palabra por la que comienza una antigua constitución de JUSTINIANO [197], alude al fenómeno por el que el legislador actúa aguijoneado por la presión de una minoría. Con lo cual debe analizar detenidamente si ha de conceder o no una prima a los ruidosos reformistas teniendo buen cuidado de no lesionar con la reforma legal el modelo legal acogido por la mayoría silenciosa. El segundo tipifica el fenómeno por el que el legislador restringe la libertad de todos cuando comprueba que algunos han abusado de ella [198].

Como observa CARBONNIER, hay límites de perturbación social o de aparente injusticia individual, más acá de los cuales es preferible abstenerse de legislar, por mucho alboroto que produzcan las minorías afectadas, pues las ventajas de esa intervención se contrapesan con los inconvenientes que en el todo social se producirían [199]. Y si a veces puede resultar discutible y precipitado actuar en Derecho de familia reduciendo el universo social exclusivamente al minoritario número de los que hablan, ignorando a los que callan, también es peligroso que, al igual que en el desgraciado episodio del joven Macedo [200], el legislador incida en el error de restringir la libertad de todos porque algunos abusen de su libertad, en este caso de su libertad matrimonial. Así se ha observado que ocurre, por ejemplo, cuando el Derecho renuncia a diseñar — en concurrencia con un matrimonio disoluble— un tipo de unión indisoluble [201]. Si el divorcio acaba estableciéndose por mutuo consentimiento no está claro que se impida que el mutuo consentimiento establezca también, a través de pactos, la indisolubilidad de un concreto matrimonio.

---

195 Cfr. GLENDON, *The Transformation...*, cit., pp. 311-313.

196 Muy bien explicados por CARBONNIER, *Derecho flexible*, cit., pp. 189 y 208.

197 C. 8, 18, 12. Porque un reducido número de mujeres a quienes sus maridos habían arruinado inquietaban con sus ruidosas demandas la Cancillería imperial (*assiduis aditionibus mulierum inquietati sumus*), Justiniano instituyó en favor de todas las mujeres casadas una hipoteca privilegiada, concediendo así una prima a los reformistas.

198 Siendo emperador Vespasiano se promulgó un senadoconsulto por el que se prohibía a todos los hijos de familia contraer préstamos. El hecho desencadenante de la prohibición fue la avidez de un viejo usurero que condujo al crimen al joven Macedo.

199 J. CARBONNIER, *Derecho flexible*, cit., p. 203.

200 Ver nota 198.

201 Cfr. H. MAZEAUD, *Leçons de Droit civil*, t. I, Paris, 1955, pp. 813 ss.

En fin, cuestiones no del todo bien resueltas, discutibles, por tanto. Pero las anteriores observaciones nos permiten sospechar que nos hallamos ante dificultades e incongruencias que requieren una atenta y desapasionada consideración, en las que se combinen todos los recursos de la teoría general del Derecho, de la técnica y de la prudencia jurídica en su más noble conceptuación.

3. UNA NUEVA FORMALIZACIÓN

3.1. Sentido de la forma en el matrimonio canónico y en el civil

En la primera parte de este trabajo se ha insistido en la contribución del Derecho canónico al carácter formal de la unión matrimonial. Como vimos, desde el Concilio de Trento, es ésta una de las constantes del Derecho matrimonial europeo-americano. Ahora conviene matizar algo esta observación, precisamente en lo que se refiere a la diversa evolución que dicha formalización ha tenido en el Derecho civil y en el Derecho canónico.

En el primero, probablemente por la intensa incidencia del principio de seguridad jurídica, inicialmente se produjo un predominio tal de la forma jurídica que condujo a que la realidad consensual quedara apenas reducida a mera apariencia solemne [202]. La relación matrimonial en el Derecho civil apareció flanqueada por requisitos formales cuya sustancia fue, en todo caso, exigibles. Piénsese, por ejemplo, que hoy todavía nuestro Código civil exige siempre, incluso en el caso de matrimonio en peligro de muerte, la presencia de alguien de algún modo revestido de autoridad, no ya simplemente testigos comunes [203].

Algo distinto sucedió en el Derecho canónico. Es verdad que el *Tametsi* confirió carácter decididamente formal al matrimonio canónico. Pero, desde entonces, el proceso se ha orientado en la línea de una cierta desformalización matrimonial. Poco a poco se ha ampliado el radio de acción de las delegaciones para asistir al matrimonio, que hoy hace posible no sólo la conferida a diáconos, sino incluso a lai-

---

[202] E. Lalaguna («El matrimonio como acto jurídico formal», en sus *Estudios de Derecho Matrimonial,* Madrid, 1962, p. 227) ha descrito así esta tendencia: «Si por formalismo se entiende el predominio de la forma en la génesis y valoración de los actos jurídicos, de tal modo que para la existencia de éstos se considere aquélla como exigencia absolutamente necesaria, y —una vez observada— como presunción inatacable de existencia del consentimiento, de suerte que toda realidad consensual quede reducida a mera apariencia solemne, habrá que concluir que es formalista, en general, la orientación dominante en el Derecho matrimonial civil [...].»

[203] Cfr. artículo 52 Cc.

cos[204]; la progresiva restricción del ámbito personal de obligatoriedad de la forma canónica, iniciada en el *Codex* de 1917, ha culminado en el de 1983 con su extensión a los apartados de la Iglesia católica «por acto formal»[205]; el siempre vigoroso juego de la dispensa de la forma canónica ha supuesto su total exención en los supuestos del c. 1.079 o su sustitución por otra forma pública, incluso la civil, en el caso de matrimonios mixtos[206]; e históricamente es detectable un proceso de potenciación de la forma extraordinaria que, como es sabido, permite la celebración del matrimonio canónico en determinados supuestos ante sólo dos testigos comunes, sin la presencia de ningún ministro de culto o autoridad eclesiástica[207].

Esto sentado, actualmente se observa en el marco de los Derechos civiles una doble y paradójica tendencia. De un lado — ya se vio en el ámbito del Derecho estadounidense—, se aprecia una cierta quiebra de la tradicional formalización del matrimonio a través de la simplificación de formas matrimoniales, cuando no de su casi total exclusión en los matrimonios por simple inscripción o en los llamados «matrimonios por correspondencia»[208]; pero, de otro, la tendencia a la superformalización matrimonial se hace visible a través de caminos inéditos, en especial extendiendo su radio de acción hacia aquellas relaciones subfamiliares y en sí informales que son las llamadas uniones o familias de hecho. Este fenómeno, por su trascendencia en la propia configuración del matrimonio, requiere aquí un análisis especial.

3.2. UNA DESFORMALIZACIÓN FORMALIZADORA: MATRIMONIO Y UNIONES DE HECHO

Efectivamente, una de las peculiaridades del actual Derecho matrimonial es la redoblada atención a las uniones de hecho. Una proble-

[204] Cfr. c. 1.112. Ver. D. TIRAPU (coord.), *Derecho matrimonial canónico,* Granada, 1993, p. 78.

[205] Canon 1.117. Sobre este punto vid. las observaciones de R. NAVARRO-VALLS, *La forma jurídica del matrimonio...,* cit., pp. 1009-1011; R. RODRÍGUEZ CHACÓN, «El acto formal de apartamiento del c. 1.117», *Revista Española de Derecho Canónico,* 46 (1989), pp. 557 ss.; J. FORNÉS, *Derecho matrimonial canónico,* Madrid, 1990, pp. 159 ss.; G. SUÁREZ PERTIERRA, «Ámbito personal de la obligatoriedad de la forma canónica para contraer matrimonio», *Revista Española de Derecho Canónico,* 32 (1976), pp. 5 ss.; E. BAJET, «La forma del matrimonio en el proyecto de revisión del C.I.C.», *Ius Canonicum,* 34 (1977), pp. 173 ss.

[206] Cfr. c. 1.127.

[207] Cfr. c. 1.116. Vid., por todos, la obra ya citada de MARTÍNEZ ALEGRÍA.

[208] En los Estados de Misuri y Pensilvania es posible el matrimonio por simple intercambio de consentimiento expresado en correspondencia epistolar entre los futuros esposos. Sobre este punto, vid. F. BOULANGER, *Droit civil de la famille,* t. I, *Aspects internes et internationaux,* Paris, 1990, p. 142.

mática de la que se ocupa la doctrina atentamente, alimentando una bibliografía abundante, «de combate» a veces; dando lugar a una masa imprecisa y abigarrada de decisiones judiciales; produciendo, sin embargo y por contraste, una legislación no demasiado abundante[209].

La atención parece ser la inevitable consecuencia del aumento numérico que de estas uniones se observa. Más patente en el norte de Europa y en el oeste que en la Europa mediterránea y oriental[210]. Lo segundo y lo tercero, probablemente fruto de la perplejidad de los órganos legislativos, que dudan si relegar el fenómeno en sus repercusiones jurídicas a la jurisprudencia, con la consiguiente moderada valoración de su importancia en el marco de los fenómenos institucionales, o al contrario incorporarlo progresivamente a la esfera de los fenómenos institucionales contemplados de modo orgánico en las leyes. En otras palabras, si el fenómeno— en su densidad jurídica— se reduce a un problema de simple *concesión de efectos* o más bien al progresivo diseño de una figura *ad instar matrimonii.*

Superando los términos del debate mismo, no deja de observarse incluso que la concesión de efectos a la unión libre es algo más que la manifestación de simples desviaciones legales. Es una prueba de la asimilación gradual del estado matrimonial con el de no casado; una manifestación de algo tan de fondo como la privación, lenta pero continuada, de efectos jurídicos al matrimonio mismo[211]. Es decir, sacando las consecuencias extremas del fenómeno, por un lado y dada la progresiva simplificación de las condiciones de acceso al matrimonio y de su disolución, la unión matrimonial tendería a asemejarse a su *shadow-institution,* la unión libre o matrimonio de hecho. Por otro, la evolución sería aún más radical cuando es el propio matrimonio quien tiende a convertirse en la «institución-sombra» de la unión libre, vaciándose poco a poco de su contenido tradicional y en especial de sus efectos de

[209] Cfr. M.-T. MEULDERS-KLEIN, *Mariage et concubinages ou les sens et contrasens de l'histoire,* cit., p. 264.

[210] «La cohabitación juvenil, la de los solteros, es rara al sur y al este de Europa, donde se observan más bien uniones libres entre divorciados o viudos, pero en proporciones todavía pequeñas. La cohabitación prenupcial en el norte de Europa, y en menor medida en el oeste, afecta actualmente a la mayoría de la población. Es casi general en Suecia y alcanza el 70 por 100 en Francia.» ROUSSEL, *Fecundidad y familia,* cit., p. 66. Este *crescendo* explica sólo en parte la juridificación del problema de las uniones de hechos. El otro factor es la «confianza que tales situaciones tienen en sí mismas y su audacia para afrontar la plena luz de los tribunales». J. CARBONNIER, *La sociología jurídica,* trad. de L. DÍEZ-PICAZO, Madrid, 1977, p. 130.

[211] M. A. GLENDON, *La transformation des rapports entre l'État et la famille dans l'évolution actuelle du droit aux États-Units,* cit., p. 29.

solidaridad en el marco de las relaciones personales y patrimoniales, en favor de un aumento o total autonomía de los esposos a través del proceso de privatización y contractualización antes examinado[212].

Veamos si estas conclusiones se justifican analizando más de cerca el fenómeno de la llamada «familia de hecho».

La primera conclusión que parece consolidarse es que existe una tendencia a la desjuridificación del matrimonio acompañada de la paralela propensión a la juridificación de las uniones de hecho. Fenómeno correlativo de la acusada inclinación a la privatización del vínculo conyugal, que otorga a los cónyuges la máxima disponibilidad sobre él. Pero, al tiempo, fenómenos hasta ahora alejados de la coacción de la ley tienden a ser atraídos a ella, entrando así bruscamente en la esfera del Derecho.

3.3. SUS CAUSAS

Su origen puede radicar en una doble causa. De un lado, la tendencia del Derecho a tomar nota de las realidades empíricas, rodeándolas inconscientemente de unos resortes jurídicos, que emergerán cuando uno de los componentes del grupo fáctico reivindica su independencia, sustrayéndose a la dialéctica que genera la propia relación paramatrimonial, reivindicando derechos exclusivamente suyos[213]. Primero ocurrió con relaciones conexas, pero distintas del núcleo de la pura relación personal, como fueron las paterno-filiales. De modo que la consecuencia fue la equiparación de los hijos habidos de relaciones conyugales y no conyugales[214]. Después, estos efectos se transfirieron a las relaciones personales entre *partners* y derivaciones económicas.

---

[212] A estas conclusiones llega M. T. MEULDERS-KLEIN, *Famille, droit et changement social dans les sociétés contemporaines*, cit., pp. 694-695.

[213] Cfr. LIPARI, *Prospettive e proposte...*, cit., p. 301.

[214] La reacción contra el trato, duro e injusto, dispensado a la filiación ilegítima, produjo una evidente reacción en el Derecho comparado. Un análisis de lo acaecido con esta temática en el marco del Derecho de familia, desde los años cuarenta en adelante, vid. en M. DE LA CÁMARA (*Reflexiones sobre la filiación ilegítima en Derecho español*, Madrid, 1975, pp. 13 ss.). El propio autor (p. 223) observa: «La filiación ilegítima, por definición, es el fruto de una relación entablada al margen del matrimonio; efecto, pues, y no causa del atentado, más o menos grave, que se consuma contra la institución matrimonial. La forma inteligente de enfrentar el fenómeno consiste, a mi juicio, en investigar su porqué, en lugar de combatirlo haciendo víctimas inocentes. Los métodos de este tipo, intrínsecamente inaceptables, nunca han servido, a la larga, para nada. Antes al contrario, provocan, fatalmente, reacciones opuestas al resultado que se pretende conseguir.»

La realidad social siguió, paralelamente, un cierto orden cronológico en este proceso: primero desciende la fecundidad, después aumenta la divorcialidad, a continuación se difunde la cohabitación a expensas del matrimonio, aumentan los nacimientos extramatrimoniales y por último el ciclo se cierra con la concesión masiva de efectos a la propia cohabitación[215].

Una segunda causa muy probablemente estriba en lo que D´AGOSTINO llama la «juridicidad intrínseca a toda relación paramatrimonial»[216]. Entendiendo por tal no la simple unión episódica ni la decididamente anticonyugal o extraconyugal, sino más bien aquella donde voluntaria o involuntariamente se han eludido las formalidades matrimoniales, pero subyaciendo en el fondo una voluntad conyugal. En estos supuestos el gran problema que plantean es que son jurídicas en su mismo principio. Por eso mismo cabe tanto en Derecho canónico como civil la posibilidad de su transformación en matrimonio a través de la *sanatio in radice* o la convalidación. Y de ahí también la tendencia del Derecho a tutelarlas de algún modo, incluso con el riesgo de confundir realidades en las que late la conyugalidad con otras que tienen la inestabilidad y arbitrariedad de lo no conyugal.

Efectivamente, el Derecho acaba anclándose en los hechos, «en la voluntad humana vacilante en su continuo hacer y deshacer», propiciando «que la legislación camine hacia la *desjuridización* del matrimonio, que ya no es considerado como una "comunidad proyectada" de acuerdo con las categorías propuestas por el derecho sobre la base de ideas universales (como la de justicia), sino como una "realidad realizada"»[217].

3.4. FAMILIA CONYUGAL Y FAMILIA DE HECHO

Consecuencia de la conjunción de las dos causas mencionadas es la propensión de acercar, en el plano de los efectos, la familia no con-

[215] Sobre este punto, vid. las observaciones de ROUSSEL, *Fecundidad y familia,* cit., p. 69.

[216] «Una voluntad conyugal es en sí misma jurídica, y se reconoce como conyugal partiendo de una juridicidad intrínseca que le pertenece y que trasciende la arbitrariedad y la inestabilidad de los sentimientos subjetivos. La experiencia histórica ha revestido con los caracteres del derecho positivo esta dimensión, al hacerla cristalizar en las formas administrativas de la conyugalidad. Quien voluntaria o involuntariamente evita esas normas, no por ello se ve libre de la juridicidad intrínseca de su obra» (F. D'AGOSTINO, *Elementos para una filosofía de la familia,* Madrid, 1991, p. 66).

[217] F. FINNOCCHIARO, «Libertades primarias de la persona y criterios configuradores del sistema matrimonial italiano», en *Libertades fundamentales y sistema matrimonial,* cit., p. 9.

yugal o natural a la de base conyugal. Significativa en esta línea es la posición del Derecho regional europeo. Así, según la jurisprudencia de la Comisión y del Tribunal de Derechos Humanos, el artículo 8 de la Convención europea de los derechos del hombre de 1950, «no distingue entre familia legítima y familia natural» [218]. Y en el caso *X. Y. v. Suiza* se afirma que el artículo 8 se aplica también a las relaciones extraconyugales, siempre que tengan carácter permanente. Con lo que viene a poner la característica de la vida familiar precisamente en la cohabitación [219].

Por su parte, el Consejo de Europa ha constatado que en algunos Estados miembros, en especial en el norte de Europa, el fenómeno de las uniones extraconyugales ha tomado especial significación. El XI Coloquio de Derecho europeo —impulsado por el propio Consejo— dedicó sus trabajos a «Los problemas jurídicos de las parejas no casadas». En dicho coloquio, uno de los problemas planteados fue la validez de los contratos entre *partners* y el de las disposiciones testamentarias. Constatadas ciertas dificultades de carácter patrimonial que podrían ser resueltas por contratos concluidos entre convivientes o por disposiciones testamentarias tomadas por uno a favor del otro, la Recomendación R (88) 3 del Comité de Ministros del Consejo de Europa invita a los Gobiernos a reconocer tales contratos y disposiciones [220].

El concepto de familia tiende a bifurcarse en dos direcciones. Una restrictiva, para la familia que se crea por el matrimonio y se realiza por la procreación; y otra, más amplia, cuya expresión mínima sería el criterio de la vida en común o la filiación natural. Posición, por lo demás, que parece directa consecuencia de la conclusión adelantada desde instancias sociológicas: el fenómeno más notable no sería tanto «la trivialización de la cohabitación prenupcial cuanto la multiplica-

---

[218] Cfr. sentencia *Marckx* de 13 de junio de 1979, Serie A: «Arrêts et décisions», n.º 31, p. 14. El artículo 8 establece: «1. Toda persona tiene derecho al respeto de su vida privada y familiar, de su domicilio y de su correspondencia. 2. No podrá haber injerencia de la autoridad pública en el ejercicio de este derecho sino en tanto esta injerencia esté prevista por la Ley y constituya una medida que, en una sociedad democrática, sea necesaria para la seguridad nacional, la seguridad pública, el bienestar económico del país, la defensa del orden y la prevención del delito, la protección de la salud o de la moral, o la protección de los derechos y libertades de los demás.»

[219] Cfr. Y. MADIOT y D. BREILLAT, «La famille, élément des droits de l'homme en Europe», en el vol. cit. *Le droit non civil de la famille,* pp. 213 ss.

[220] Cfr. E. HARREMOES, «Le Conseil de l'Europe et le droit de la famille», en el vol. *Le Droit de la famille en Europe,* Strasbourg, 1992, p. 14; P. ROMI, «La conception de la famille en Droit européen», mismo vol., pp. 343 ss.

ción de los nacimientos en las parejas de cohabitantes; con este hecho el matrimonio acaba por no ser la vía obligada para fundar una familia»[221]. De ahí, por ejemplo, que se haya reconocido en Dinamarca que el matrimonio ya no es el criterio único ni mayoritario para la formación de las familias, por el elevado índice de parejas que conviven sin casarse en relación con el número total de matrimonios[222].

Lo cual no significa que este acercamiento implique una equiparación plena entre matrimonio y uniones de hecho. Repárese que la recomendación del Consejo de Europa antes aludida se refiere a convenciones que no van más allá del límite de la autonomía privada de la voluntad, sin incidir en aspectos públicos: seguridad social, pensiones, etc. A su vez, según el Tribunal de Derechos Humanos, el artículo 12 del Convenio persigue «esencialmente proteger el matrimonio en tanto que fundamento de la familia». Lo que justifica, por ejemplo y como veremos, la negativa a admitir como matrimonial una unión entre personas del mismo sexo[223].

La posición dubitativa del Derecho regional europeo, se correlaciona también con las soluciones del Derecho angloamericano o de las legislaciones nacionales del continente. En uno y otro ámbito, la actitud inicial, desde el punto de vista jurídico, coincidió con la conocida toma de postura de Napoleón: «les concubins ignorent la loi, la loi les ignore». De ahí la inexistencia entre las parejas no casadas del deber recíproco de asistencia y socorro; ni derechos sucesorios, ni participación en el sistema matrimonial de bienes; ni obligacion de fidelidad ni de cohabitación, etc.[224]. Hasta los años inmediatamente posteriores a la Segunda Guerra Mundial, sólo la familia legítima, fundada en el matrimonio o la adopción, era tomada en cuenta por los legisladores civiles. Todavía en la década de los cincuenta, considerando que el concubinato era contrario a la moral, los tratados de Derecho civil solían declarar nulos, como opuestos al orden público y a las buenas costumbres, los contratos que establecieran y organizaran uniones libres.

---

[221] ROUSSEL, *Fecundidad y familia,* cit., p. 68.

[222] Conferencia de Ministros Europeos encargados de Asuntos Familiares, Informe danés, *op. et loc. cit.,* p. 57.

[223] Cfr. Caso *Rees,* 17 de octubre de 1986, Serie A, n.º 106, p. 19.

[224] Una aproximación al tema puede verse en W. MULLER-FRIENFELS, «Les problèmes posés par les couples non mariés», *Actes du IIème Colloque de Droit européen,* Conseil de l'Europe, 1982, pp. 65-66; J. GAUDEMET, *El matrimonio en Occidente,* cit., p. 495.

3.5. Las soluciones del Derecho angloamericano

Esta tendencia a considerar a los concubinos como extraños a efectos jurídicos fue mitigada no tanto por la legislación cuanto por vía jurisprudencial. En este sentido, es muy significativo, dentro del ordenamiento norteamericano[225], el caso *Marvin* con el que se inicia la predisposición admisiva de efectos a las uniones de hecho en los Estado Unidos. En *Marvin*[226], la Corte Suprema de California estableció que la jurisprudencia puede indagar si la intención de los concubinos encerraba una verdadera voluntad de empresa común, entente tácita u otro acuerdo implícito. Si esto se demostraba, el concubino que se entendía lesionado, al deshacerse la relación de hecho, podría recibir *quantum meruit* una justa contribución por su participación en la tácita sociedad. De ahí que se le obligara al actor Lee Marvin a abonar a la modelo Michelle Triola, con quien había convivido unos años sin contraer matrimonio, una parte de las plusvalías generadas en la fortuna del actor durante el período de convivencia.

Sin embargo, la tendencia admisiva de efectos a las uniones de hecho, que desde la sentencia aludida se denomina en los Estados Unidos «jurisprudencia Marvin», no es unánime. Junto a ella coexiste otra restrictiva para la que los contratos orientados a consolidar relaciones sexuales venales (*meretricious sexual services*) son contrarios al orden público y por tanto ilícitos. En este sentido, en *Schwegman v. Schwegman* se sentó como doctrina que el acuerdo de asociación alegado en un concubinato que duró doce años era *meretricious* y, por tanto,

---

[225] Tal vez la inclinación anglosajona a establecer una cierta aproximación de efectos entre uniones de hecho y el matrimonio encuentra su explicación en la no aceptación inmediata del decreto *Tametsi* en Inglaterra, lo que produjo alguna confusión entre matrimonios formales e informales. De este modo se fue admitiendo junto al matrimonio formal el llamado *Common Law Marriage.* Así, en Inglaterra la situación se prolongó hasta 1753, en que se dictó la *Lord Hardwick's Act*; en Escocia hasta 1940 (*Marriage Scotland Act,* 1939); y en algunos Estados de los Estados Unidos hasta la época actual: cfr. H. H. Clark, *The Law of Domestic Relations,* cit., pp. 45 ss.; S. M. Cretney, *Elements of Family Law,* London, 1987. No obstante, conviene hacer notar la diferencia entre una y otra situación. Para la jurisprudencia norteamericana el matrimonio del *Common Law* exige la existencia de una verdadera voluntad matrimonial, por tanto se circunscribe a la prueba de un matrimonio informal. El concubinato alcanza a todo tipo de unión que los concubinos puedan haber elegido, lo que no significa concesión de efectos a todas las uniones, como en el texto se indica.

[226] *Marvin v. Marvin,* 18 Cal. 3d 660, 134 Cal. Rptr. 815, 831, 557 P. 2d 106, 1976. Sobre este extremo, vid. H. D. Krause, «Les concubinages aux États-Units d'Amerique», en el vol. cit. *Des concubinages dans le monde,* pp. 133 ss.

nulo[227]. Y en el caso *Hewitt*[228], se contempla el caso de un dentista que durante quince años había convivido con una mujer de la que había tenido tres hijos. Cuando ella quiso «divorciarse» de él, Hewitt opuso la excepción de que nunca habían estado casados y, por tanto, era improcedente un divorcio con los consiguientes pronunciamientos económicos anejos. La Corte Suprema de Illinois entendió que el problema debería abordarlo el poder legislativo no el judicial; hasta entonces, concluyó, en el caso contemplado la señora Hewitt no tenía ningún derecho sobre los bienes de su concubino.

La posición de los distintos estados de la Unión no es unívoca en el grado de concesión de efectos a las uniones de hecho, y se detectan hasta tres posturas diversas[229]. En primer lugar, estarían aquellos Estados que hacen suyos los principios tradicionales que se oponen a la concesión de efectos a las relaciones venales. Otros rinden un vago homenaje a la jurisprudencia Marvin, pero estableciendo criterios tan rigurosos para probar la existencia de contratos tácitos entre concubinos que, en la práctica, bloquean su operatividad. En fin, están los que aceptan *Marvin,* aunque pocos le dan todo su alcance. Sólo Oregón parece querer hacer nacer del solo concubinato derechos sobre los bienes.

3.6. El Derecho continental europeo

En el continente europeo las distintas posiciones tienden a reproducirse. También aquí la vía admisiva ha sido primordialmente la jurisprudencial; pocas legislaciones han regulado de modo orgánico el conjunto de efectos atribuibles a las uniones de hecho. Esto no significa que exista un total silencio legislativo, pues en sectores concretos (seguridad social, derecho penal, etc.) suelen hacerse algunas referencias a efectos colaterales.

Aun a riesgo de simplificar demasiado, éstas son las líneas generales por las que transita el reconocimiento de efectos a las uniones de hecho en las legislaciones nacionales europeas. Ya se ha dicho que pocas lo hacen por la vía legislativa orgánica, y las pocas que recurren a esta global regulación sólo conceden efectos limitados a las uniones de

---

[227] 441 So. 2d 316 La Ct App. 1983.

[228] *Hewitt v. Hewitt,* 77 I ll. 2d 49, 31 I ll. Dec. 827, 349 N.E. 2d 1204.

[229] Sigo la síntesis de KRAUSE, *op. cit.,* pp. 144 ss. También: H. H. CLARK, *op. cit.,* pp. 18 ss. y 50 ss.

hecho. Un ejemplo sería Suecia [230]. La ley de 1 de enero de 1988 (*The Cohabitees —Joint Homes— Act*) regula muy tímidamente los efectos de las uniones extramatrimoniales. En concreto, se limita a establecer el destino de la vivienda y enseres comunes, dejando al margen todos los restantes bienes. En caso de fallecimiento de uno de los cohabitantes no concede derecho de herencia al superviviente, pero le garantiza conservar bienes hasta un cierto valor.

Otras legislaciones, establecen una cierta aproximación entre las situaciones conyugales y las uniones de hecho, en el marco de la legislación especial: Derecho fiscal, seguridad social, Derecho del trabajo, administrativo, derecho de habitación, etc., tanto a favor de los concubinos como en su contra. Lo cual previamente ha implicado la evicción de la presunción de inmoralidad tradicionalmente unida al concubinato en sí, y la consiguiente admisión de convenciones y liberalidades dentro del respeto al Derecho común: validez del consentimiento, licitud y moralidad de la causa y el objeto [231]. En fin, dado que la mayoría de los concubinos no contratan o lo hacen incorrectamente, por imprudencia o ignorancia, es frecuente el recurso a los correctivos judiciales en equidad, con aplicación de soluciones extraídas del Derecho común en el momento de la ruptura.

Limitándonos a estos últimos efectos, un ejemplo paradigmático es Francia. Según la jurisprudencia francesa, la figura del concubinato productor de ciertos efectos jurídicos se cualifica por la «vida común entre dos personas, que han decidido vivir como esposos, sin unirse en matrimonio, lo que no puede concernir más que a una pareja constituida por hombre y mujer» [232]. Es frecuente que la práctica notarial francesa aplique, a esta figura, el convenio llamado *tontine,* por el que dos o más personas adquieren un bien, normalmente inmueble, estipulando que el superviviente sea el propietario de la totalidad. En caso de no estipulación de contratos entre concubinos, la jurisprudencia francesa ha recurrido a tres medios para liquidar la indivisión resultante de la unión de hecho: *a)* La sociedad de hecho, es decir, una verdadera sociedad entre los convivientes sin estatutos escritos. En ella, cada asociado podría pretender una parte de los bienes que componen el activo social: explotación común de una empresa comercial o de un

---

[230] Cfr. M. BOGDAN y A. NUMHAUSER-HENNING, «La cohabitación extramatrimonial en el Derecho civil sueco», en *Centenario del Código civil,* II, Madrid, 1989, pp. 47 ss.

[231] Ver los ejemplos citados por MEULDERS-KLEIN, *Mariage et concubinages...,* cit., p. 277, notas 55-58.

[232] Sentencias de 11 de julio de 1989 de la Corte de casación (tres sentencias de la misma fecha), *Bull. civ.,* I, n.º 514-515, *Gaz. Pal.,* 14 de abril de 1990. Cfr. C. COLOMBET, *La famille,* París, 1994, 3.ª ed., pp. 93 ss.

fondo de comercio. *b)* En ausencia de *affectio societatis*, en ocasiones, se ha recurrido a la noción «de falta» para indemnizar al concubino lesionado por el abandono de su *partner* con perjuicios importantes, estableciendo una correlación entre daño y falta. *c)* En ausencia de otro medio, la jurisprudencia ha recurrido a la acción de enriquecimiento sin causa[233].

En la concesión de estos efectos reflejos, la jurisprudencia europea suele moverse dentro del marco que proporciona el Derecho común de contratos y el Derecho de la persona; rehusando la mayor parte de los ordenamientos aplicar, por vía analógica, las reglas del matrimonio a las uniones de hecho. Los Tribunales constitucionales europeos, normalmente, no suelen otorgar idéntica protección constitucional a las uniones de hecho y a la familia fundada sobre el matrimonio. Esto explica, como ha hecho notar BERNARDINI[234], que, en rigor, la jurisprudencia suela atribuir estos efectos considerando la unión de hecho más como «núcleo residencial o doméstico» (*household*) que como estricta aplicación del concepto de familia. De ahí la equivocidad de la expresión *familia de hecho* aplicada a las uniones libres; denominación que ha encontrado más eco en la doctrina jurídica que en el lenguaje legislativo o en el vulgar, precisamente por su ambigüedad, al dar por sentado que una convivencia entre hombre y mujer, manifestada externamente de algún modo, sea una familia y que ésta sea un *genus* desdoblada en dos especies: la conyugal o legítima y la de hecho.

La verdad es que, en esta materia, los pudores en el vocabulario vienen de lejos. Ya en la época de Tiberio para designar «aquella con quien se vive, aunque no sea la mujer propia», se utilizaba la denominación de *paelex*; no se llegaba al extremo de llamar «esposo o esposa», «marido o mujer», a los *convivientes* o *compañeros*. También actualmente, en la terminología, la ambigüedad es frecuente; por ejemplo, el término *partner*, junto a su sentido de socio, evoca también el juego y la lucha, más que la estabilidad y conjunción de intereses normalmente ligada a la noción de familia y matrimonio. Tal vez por ello se ha hecho notar que «no es posible distinguir del régimen jurídico de la familia legítima un grupo de normas no ligadas al presupuesto formal del matrimonio, y por analogía extensible a la llamada familia de hecho. Las relaciones jurídicas inherentes a la familia legítima están entera y globalmente determinadas a través del instituto del ma-

---

[233] Un buen resumen puede verse en D. VOYER, «La tontine», en *Le droit de la famille en Europe*, cit., pp. 761 ss.; G. GRANDIDIER, «Liquidation du régimen matrimonial et partage des biens à la suite du concubinage», en el mismo vol., pp. 765 ss.

[234] M. BERNARDINI, *La convivenza fuori del matrimonio*, Padova, 1992, p. 153.

trimonio»[235]. Así se explicaría la reticencia de la doctrina alemana y la jurisprudencia francesa en calificar de relación familiar a la pura y simple unión de hecho. Así, en la República Federal de Alemania se entiende que la cohabitación entre parejas no casadas no es, en sí, una relación familiar. Sólo cuando nacen hijos en una cohabitación de este tipo, la relación padres-hijos se escinde en dos relaciones familiares distintas, una con la madre y otra con el padre[236].

3.7. EL DERECHO ESPAÑOL

Si ahora nos centramos en España, se observa idéntica perplejidad en el ordenamiento jurídico ante las uniones de hecho. Por un lado, el sistema de valores que consagra la Constitución no supone una equivalencia a todos los efectos entre matrimonio y unión de hecho. En los casos en que se ha querido establecer equiparación, así se ha hecho notar expresamente: por ejemplo, en la protección que la ley concede a los hijos, con independencia de su filiación, o a las madres, cualquiera que sea su estado civil (art. 39.2). El Tribunal Constitucional, en reiterada jurisprudencia, entiende que no hay estricta equivalencia entre el matrimonio y la convivencia extramatrimonial. Tanto la familia basada en el matrimonio como la que se constituye mediante la unión de hecho están protegidas constitucionalmente, pero esto no significa que el complejo jurídico que se deriva del matrimonio sea directamente aplicable a la unión libre. Es más, según el alto Tribunal, es constitucional establecer diferencias de tratamiento entre las parejas casadas y las no casadas en virtud de la misma falta de equivalencia. Así, el Tribunal Constitucional ha vuelto a reiterar recientemente que no es inconstitucional exigir el vínculo matrimonial para tener derecho a la pensión de viudedad: «No cabe admitir que vulnere la Constitución el hecho de que no se reconozcan los derechos derivados del matrimonio a quien no lo contrajo pudiéndolo hacer, por más que oponga razones ideológicas a contraer el vínculo matrimonial.» Aunque el legislador «podría conceder pensiones de viudedad en favor de quienes hubieran formado parejas de hecho y convivido *more uxorio,* no lo ha considerado oportuno por el momento», sin que esto sea inconstitucional[237].

---

[235] L. MENGONI, «La famiglia in una società complessa», *Iustitia,* 1990, p. 4.

[236] Conferencia de Ministros Europeos encargados de Asuntos Familiares, *loc. cit.,* informe alemán, p. 51.

[237] Sentencia 66/1994, de 28 de febrero. Este criterio reafirma el sentado por toda una serie de sentencias anteriores: 184/1990, de 15 de noviembre (*RTC,* 1990, 184);

Sin embargo, no es nítida ni homogénea la línea seguida por el TC, que parece contradecirse con la doctrina sentada en materia de arrendamientos urbanos, pues aquí ha reconocido el beneficio de la subrogación *mortis causa* a quien hubiera convivido de modo marital y estable con el arrendatario fallecido [238]. Tal vez por ello, en su voto particular a la sentencia 222/1992, el magistrado Sr. RODRÍGUEZ BEREIJO observa que: «Basta [...] una lectura contrastada para comprobar que la presente sentencia choca frontalmente, en sus fundamentos jurídicos y en su fallo, con la doctrina que hasta hoy ha venido manteniendo el TC en reiteradas resoluciones [...]. No será necesario insistir en los graves riesgos que para la seguridad jurídica entraña un *overruling* cuando la propia sentencia que lo lleva a cabo pretende desconocerlo y, en consecuencia, omite toda explicitación razonada no sólo del cambio de interpretación constitucional, sino también, y lo que es más importante, del criterio preciso en que se fundamenta [...], así como de las oportunas modulaciones que delimiten, en la medida de lo posible, los efectos y alcance de la nueva doctrina constitucional para evitar que, expansivamente, se desborde más allá de lo previsto y querido por esa interpretación constitucional.» Por su parte, el también magistrado Sr. GABALDÓN LÓPEZ, en su voto particular disidente, entiende que: «No hay ahora [...] razones para modificar esa doctrina [la anterior del TC] porque se trate, no del derecho a una pensión de viudedad, sino del de subrogación en el contrato de arrendamiento al fallecimiento del inquilino. Las situaciones de partida [matrimonio y unión extramatrimonial] siguen sin ser equivalentes [...], y por tanto no contrario al artículo 14 [...]. No cabe, por otra parte, fundar la equivalencia de ambas situaciones ni en la protección a la familia (art. 39 CE) ni en la aplicación a sus modalidades del derecho de todos los españoles a disfrutar de una vivienda digna y adecuada (art. 47 CE) [...]. En cuanto a la protección de la familia, porque sin perjuicio de otras

---

29/1991 (*RTC,* 1991, 29); 30/1991 (*RTC,* 1991, 30); 31/1991 (*RTC,* 1991, 31); 35/1991 (*RTC,* 1991, 35); 38/1991 (*RTC,* 1991, 38), todas ellas de 14 de febrero, y 29/1992, de 9 de marzo (*RTC,* 1992, 29).

[238] Sentencias 222/1992, de 14 de diciembre (*RTC,* 1992, 222), y 47/1993, de 8 de febrero (*RTC,* 1993, 47). Muy recientemente, la sentencia de 26 de abril de 1994 declara que la pensión de viudedad no se extingue por la convivencia marital con otra persona. Para el TC: «[...] el que sea constitucional la opción legislativa de exigir la convivencia matrimonial como requisito para la concesión de determinadas prestaciones no justifica que pueda judicialmente declararse, sin que la ley así lo establezca expresamente, la pérdida de un derecho a pensión causada de un anterior matrimonio por una convivencia *more uxorio* tras el fallecimiento del anterior marido» (texto en *Actualidad Jurídica Aranzadi,* 12 de mayo de 1994, pp. 1-3).

posibles formas, la Constitución considera el matrimonio como procedimiento de formación de la familia, digna ésta de protección en general y sin que quepa otorgar al artículo 39 consecuencias que no se desprendan de su propia formulación, según la cual se articula un elenco de medidas de protección a la familia, unas, configuradas como obligaciones de los poderes públicos y, otras, como deberes y obligaciones exigibles a los padres.»

Por su parte el Tribunal Supremo [239] entiende que sólo cabe hablar de pareja de hecho o unión extramatrimonial cuando la convivencia haya durado varios años, sea pública y haya dado lugar a actuaciones conjuntas de ambas partes. Si los convivientes han pactado un estatuto patrimonial habrá que estar al mismo, de acuerdo con el artículo 1.255 del Cc. Dentro de este marco contractual pueden pactar la aplicación del régimen de gananciales o de cualquier otro, pudiendo ser tal pacto tácito, deducible de la propia conducta de la pareja. Cuando los cohabitantes no hayan pactado nada, no cabe acudir, por analogía, a la aplicación del régimen de gananciales, de separación o cualquier otro previsto como supletorio para los matrimonios. Para la liquidación en tal caso del patrimonio común cabe aplicar las reglas de la comunidad de bienes, incluso si los bienes comunes se encuentran únicamente a nombre de una de las partes. En su caso, cabe acudir también a aplicar por analogía las reglas de la sociedad cuando los bienes comunes hayan sido adquiridos gracias a la actividad conjunta de ambos miembros de la pareja. Finalmente, aunque no haya existido comunidad de bienes ni sociedad civil, admite la posibilidad de aplicar el enriquecimiento sin causa cuando una de las partes haya obtenido ventajas patrimoniales de su unión con la otra en los términos exigidos por dicha figura para justificar el pago de una indemnización.

Por lo demás, también el ordenamiento español ha seguido, por ahora, la vía de reconocer efectos colaterales a las uniones de hecho en leyes dispersas, en vez de regular en una ley unitariamente dichos efectos. Son los siguientes: 1) *En materia de adopción,* la disposición adicional 3.ª de la nueva Ley de 1987 permite adoptar conjuntamente al hombre y la mujer «integrantes de una pareja unida de forma permanente por relación de afectividad análoga a la conyugal». 2) *En ma-*

[239] Cfr. sentencias 469/1992, de 18 de mayo (*RJA,* 1992, 4907); 913/1992, de 21 de octubre (*RJA,* 1992, 8589), y 1148/1992, de 11 de diciembre (*RJA,* 1992, 9733). Sigo en el texto la síntesis que hace R. BERCOVITZ, «Las parejas de hecho», *Aranzadi Civil,* septiembre de 1992, pp. 24-25. En cuanto a la jurisprudencia inferior, vid. M. CORONA QUESADA, en *Diccionario práctico de Jurisprudencia. Derecho de familia,* vol. II, voz «Unión de hecho», Barcelona, 1992, pp. 1081 ss.

teria penal, el artículo 11 del Código penal considera circunstancia agravante o atenuante, según el caso, ser el agraviado cónyuge o «persona a quien se halle ligado de forma permanente por análoga relación de afectividad»; el artículo 18 se manifiesta en el mismo sentido en cuanto a la exención de la pena impuesta a los encubridores. El artículo 955 de la Ley de Enjuiciamiento Criminal incluye en la legitimación para el recurso de revisión en caso de penado fallecido al «cónyuge o persona con quien haya mantenido convivencia como tal». Algunas sentencias del Tribunal Supremo [240] han considerado, en caso de muerte por accidente, como perjudicado con derecho a indemnización al conviviente, tanto por pérdida de ingresos económicos como por daño moral. 3) *En materia matrimonial,* los artículos 320 y 101 del Código civil hablan, respectivamente, de emancipación y pérdida de pensión en caso de convivencia marital con otra persona. 4) *En materia procesal,* la Ley Orgánica del Poder Judicial establece causas de abstención, recusación e incompatibilidad de Jueces y Magistrados por razón de matrimonio o «situación de hecho asimilable». 5) *En materia de extranjería,* el artículo 10.1 de la Ley sobre Derecho de Asilo lo concede al cónyuge de quien lo solicita o a «la persona con quien se halle ligado por análoga relación de afectividad y convivencia». 6) *En materia de patria potestad,* el ejercicio conjunto de la misma se atribuye también a los progenitores que, sin estar casados, viven juntos sobre los hijos comunes (art. 156.1 del Cc) [241].

Si hubiera que sintetizar la posición del Derecho español frente a las uniones extramatrimoniales o de hecho, se podría afirmar con BERCOVITZ [242] que el matrimonio «es la fórmula elegida por nuestra sociedad para propiciar y proteger las uniones estables, y así ha quedado recogido en el artículo 32 de la Constitución. No parece pues discriminatorio entender que, como regla general, quien no se acoge a la institución matrimonial queda excluido del sistema de protección previsto para el matrimonio, sin que ello suponga atentado alguno al libre desarrollo de la personalidad de quienes realicen semejante opción; sobre todo si se tiene en cuenta que, de acuerdo con nuestra Constitución, el legislador español ha previsto un sistema matrimonial respetuoso con la libertad e igualdad de los cónyuges. Entender que las uniones estables de hecho son jurídicamente equiparables al matri-

---

[240] Por ejemplo, una de 19 de mayo de 1969.

[241] Un análisis más detenido de estos y otros efectos puede verse en E. ESTRADA ALONSO, *Las uniones extramatrimoniales en el Derecho civil español,* 2.ª ed., Madrid, 1991.

[242] *Op. cit.,* p. 25.

monio [...] supone ir en contra de esa decisión de nuestra sociedad, expresamente reconocida por nuestra Constitución, sobre la función social del matrimonio como institución encaminada a propiciar y proteger las uniones estables heterosexuales; consecuentemente, supone socavar esa opción social y constitucional favorable a favorecer el emparejamiento estable de los ciudadanos adultos de distinto sexo.»

Después de esta pausa de Derecho positivo, es el momento de ir al fondo del problema e indagar en las causas por las que el Derecho comparado y el español adoptan, mayoritariamente, una posición reticente o ambigua ante las uniones de hecho.

3.8. Dificultades técnicas en la regulación de las uniones de hecho

A mi manera de ver, quizá lo primero que hay que advertir es la propia equivocidad de la expresión *unión de hecho* o unión extramatrimonial. En realidad no abarca una única modalidad con caracteres comunes, sino una pluralidad de manifestaciones con rasgos disímiles. Junto al concubinato *ad instar matrimonii,* dotado de una tendencial estabilidad, normalmente no destinado a concluir en matrimonio y que suele ser resultado de una seria deliberación, existe toda una gama de convivencias de geometría variable y con las características del concubinato a tiempo parcial: unas destinadas a concluir en verdadero matrimonio, como es la convivencia juvenil prenupcial; otras programadas como convivencia transitoria y no antenupcial; unas fecundas y otras deliberadamente estériles; unas diseñadas como maternidades solitarias voluntariamente programadas, etc. Además, lo que es unión de hecho para el ordenamiento estatal, es a veces entendido como verdadero matrimonio para los que conviven como cónyuges; esto sucede con los matrimonios religiosos no transcritos en los sistemas de matrimonio civil facultativo, en los de sistema civil obligatorio cuando al matrimonio religioso no ha seguido o precedido el civil, y en el matrimonio celebrado en el extranjero y no transcrito [243]. Sin olvidar que, junto a las de carácter heterosexual, existen las establecidas entre homosexuales, en las cuales es posible, a su vez, distinguir parte de la gama antes enunciada.

---

243 Cfr. M. Bernardini, *La convivenza fuori del matrimonio,* cit., pp. 191-192. Sobre las distintas formas de uniones de hecho ante el Derecho canónico, vid. A. Martínez Blanco, «Las uniones extramatrimoniales ante el Derecho canónico», *Revista Jurídica de la Región de Murcia,* 12, 1990, pp. 71 ss.; E. López Azpitarte, «Cristianismo y familias no matrimoniales», en el vol. *Políticas de la familia,* Madrid, 1993, pp. 145 ss.

La variabilidad de formas se corresponde con la multiplicidad de finalidades que se puede perseguir a través de las uniones de hecho. Así, en muchos supuestos su constitución es simplemente manifestación de una serie de ventajas jurídicamente pretendidas: desde el establecimiento de una convivencia con un *status* particular ampliamente dispositivo, si se la compara con el conjunto de normas de *ius cogens* que caracterizan el matrimonio, hasta motivos puramente económicos en caso de personas que disfrutan de una pensión de viudedad, pasando por ventajas fiscales, la facilidad de su disolución, que no exige ningún procedimiento especial, o el simple deseo de establecer una modalidad de «matrimonio a prueba», paso previo para el definitivo matrimonio legal. En otras ocasiones es más bien la alternativa ante un matrimonio imposible por la existencia de impedimentos que dificultan la relación matrimonial. Sin contar con aquellos supuestos en que la unión de hecho no es más que la manifestación pura y simple del rechazo de «un agobiante juridismo matrimonial» [244].

El cúmulo de problemas jurídicos que plantea su regulación, más o menos orgánica, es proporcional a la variabilidad de formas y finalidades. La primera dificultad es si la concesión de efectos orgánicos o institucionales se circunscribiría solamente a las uniones de hecho heterosexuales o también a las establecidas entre personas del mismo sexo. Después, si en ausencia de convenio expreso o inscripción registral, los acuerdos entre concubinos o cohabitantes producirían tan sólo los efectos *interpartes* expresamente establecidos en las leyes, o habrá que hacer una interpretación extensiva que abarque otras consecuencias dependiendo de la intención indagable de las partes o deducida de su conducta, incluidos efectos de orden público en materia de derecho social (pensiones, indemnizaciones a terceros, etc.). Por último, respecto al momento extintivo de la unión de hecho, habría que decidir si se asimila la ruptura de la convivencia a la disolución del matrimonio vía divorcio, no sólo a los efectos de pensiones alimenticias entre los convivientes, sino también respecto a los posibles hijos habidos.

En lo que concierne a la prueba de la existencia de la propia unión habría que resolver si se opta por un sistema de inscripción o, al contrario, por otros medios de prueba para la convivencia *more uxorio*. El primer sistema implica que la prueba de la convivencia de hecho, como establecía un proyecto de ley presentado recientemente en el

---

[244] Un elenco más amplio de motivaciones puede verse en M. A. GLENDON, *La transformation des rapports entre l'État et la famille...*, cit., pp. 20 ss.; H. D. KRAUSE, *op. cit.*, pp. 134 ss.

Parlamento italiano[245], resultaría de una certificación del Ayuntamiento en el que convive la pareja. Pero para obtenerla sería necesaria la previa inscripción anagráfica o un acto público; con lo cual estaríamos formalizando lo que por naturaleza es informal. Por lo demás, tampoco se entiende por qué una pareja que no desea inscribir su unión en el Registro civil va a sentirse impulsada a inscribirse en un registro municipal. Salvo que el registro se convierta en un instrumento para eludir las prohibiciones e impedimentos establecidos por la legislación sobre el matrimonio, diseñando un matrimonio sin reglas, con lo cual estaríamos proponiendo una solución cercana al fraude de ley. Para evitarlo, sería necesario establecer toda una serie de reglas de fondo que limitaran el acceso a las uniones libres, en cuyo caso estaríamos actuando en contra de la libertad. Una especie de círculo sin fin, con soluciones que nos llevan a una vuelta al origen del problema.

Estas dificultades han llevado a la mencionada ley sueca a prescindir de requisitos formales y sentar como criterio el genérico de aplicarse «a los casos de cohabitación extramatrimonial, donde un hombre y una mujer no casados conviven en condiciones similares al matrimonio». Sin embargo, la propia identificación del supuesto no sometido a calificación registral alguna ha planteado problemas en la doctrina[246]: ¿puede aplicarse a personas, aunque no estén casadas si tienen relación sexual, cuando por una u otra razón, les está vedado el matrimonio? Es el caso de menores sin la edad requerida para contraer matrimonio, y de parientes en grado próximo que establecen una relación incestuosa. Por otra parte, si la relación sexual no es exclusiva, esto es, si se comparte con varias personas, ¿a cuál de ellas se aplicarán los beneficios u obligaciones establecidas en la ley? ¿Bastaría una relación episódica? ¿Sería necesaria una cierta estabilidad en la convivencia? Si esto último, ¿qué se entiende por relación estable?: ¿el simple propósito subjetivo de los convivientes?, ¿la prolongación efectiva en el tiempo de la cohabitación?

3.9. ¿Concesión de efectos o regulación orgánica?

Prescindiendo de estas dificultades técnicas, para una regulación jurídicamente viable de la convivencia *more uxorio*, existen además

---

[245] Fue presentado en 1988. Su discusión ha sido pospuesta por la inestabilidad parlamentaria de este país. Sus líneas generales en Finnocchiaro, *Libertades primarias de la persona..*, cit., pp. 20 ss.

[246] Bogdan y Numhausse-Henning, *op. cit.*, pp. 51-53.

otras que obstaculizan el proyecto. Quizás la más importante sea la que se ha denominado «la insidia que se oculta en una orgánica e institucional normativa en materia de convivencia *more uxorio*». Se quiere aludir con esta expresión al tránsito que postularía la propia ley del principio de estabilidad relativa de la relación conyugal (configurado por la jurisprudencia como principio de orden público), al principio de la absoluta inestabilidad del núcleo primigenio de la familia (la pareja), con la consiguiente desestabilización del interno tejido social[247]. En la familia legítima, basada sobre el matrimonio, el ordenamiento mismo marca cierta estabilidad institucional. Ésta se manifiesta en algunos ordenamientos a través de la inexistencia del divorcio; en otros, por una flexible regulación tasada de los supuestos, a través de los que la voluntad individual puede hacer decaer el vínculo u operar la suspensión del deber de cohabitación anejo a la propia relación conyugal. La disolución *ad nutum,* factible en la convivencia de hecho, distorsionaría todo el sistema, produciendo una clara debilitación de la relación matrimonial que, llevado a su extremo, haría prácticamente inútil la propia noción de matrimonio[248]. Tal vez por eso, hace años la Corte de Casación belga observaba[249] que «haciendo del matrimonio el fundamento esencial de la familia, no se puede reconocer a las relaciones de naturaleza precaria efectos análogos a los que la ley reserva al matrimonio, sin comprometer esta institución».

Por otra parte, la debilitación de la familia legítima vendría también por otra vía: la del reconocimiento indiscriminado de derechos sociales a las parejas que cohabitan. Como ha hecho notar ANDERSON[250], la identificación sobre la base del principio de igualdad entre matrimonio y unión libre (aunque se conceptúe como un «matrimonio de segunda clase»), hace que la ley redirija la política social hacia nuevos derroteros, fomentando la actividad subvencionada. No puede sorprender así que los servicios gubernamentales y las consecuencias jurídicas, repartidas a partes iguales entre familias maritales y no maritales, acaben incrementando a estas últimas.

Con lo cual la propia política social se sume en una cierta confusión, nacida de una duplicidad de intereses no siempre compatibles.

---

[247] E. LIUZZO, «Alcuni aspetti civilistici della convivenza more uxorio alla luce dei più recenti orientamenti dottrinali e giurisprudenziali», en *Il diritto di famiglia e delle persone,* 1991, pp. 784-785.

[248] Cfr. MENGONI, *La famiglia in una società complessa,* cit., p. 3.

[249] Sentencia de 21 de abril de 1958, cit. por R. DE VALKENEER, «Perspective», en el vol. *L'union libre,* Bruxelles, 1992, p. 333, nota 5.

[250] *Op. cit.,* p. 18.

Por un lado, la presión que supone racionalizar los costes de las políticas sociales, incrementar los controles, y no tutelar indiscriminadamente formas asociativas marginales al Derecho. Por otro, la progresiva privatización de comportamientos, paradójicamente acompañada de solicitud de tutela social, en una continua referencia a una suerte de omnipotente *privacy*[251]. Esa atomización de formas familiares a través de la atribución de efectos orgánicos a las uniones de hecho, parece incidir de varios modos sobre el matrimonio, desinstitucionalizándolo, como vimos. De ahí que se viene concluyendo que esa equiparación jurídica entre el matrimonio y las uniones irregulares, lejos de constituir una medida igualitaria, resulta injusta y poco razonable. Pues hace que casarse se convierta en un lujo, que los indigentes tendrán más difícil permitirse. Y favorecer que los necesitados se aparten del matrimonio es como sembrar las semillas del gueto, crear —como ya viene sucediendo en los Estados Unidos— una *underclass* cuyo origen es el aumento de nacimientos extramatrimoniales. Las familias de hecho, engendran con demasiada frecuencia familias monoparentales, las cuales a su vez no sólo suponen la aparición inmediata de estados de necesidad, sino que los mantienen a largo plazo, en la medida en que el subsidio a dichas familias permite a los padres desinteresarse de la suerte de los hijos; engendrar sin estar sujeto a los deberes matrimoniales, en la seguridad de que la asistencia pública se encargará de mantener a la madre y al hijo[252].

La cuestión, pues, no es tanto el conceder algunos efectos a las uniones de hecho, eso ya es una realidad en muchos sistemas y, a veces, probablemente una verdadera necesidad; el problema, sobre todo, consiste en determinar cuándo esos efectos inorgánicos exigen su conjunción en una disposición legal que los contemple en el conjunto de sus virtualidades y, consecuentemente, los institucionalice. Es decir, si cabe calificar de «esquizofrénica» una situación en la que, por un lado, se atribuyen a las uniones libres una serie de efectos disorgánicos, como vimos que ocurre en España, y, por otra, se niega un estatuto orgánico a las diversas formas de unión paramatrimonial.

La pregunta es razonable y exige una respuesta no simplemente emotiva, sino reflexiva. En este sentido, conviene reparar que la ten-

---

[251] Describe muy bien el fenómeno COMMAILLE, *Le regolazioni della famiglia...*, cit., pp. 79-80.

[252] Cfr. Ch. MURRAY, *Losing Ground: American Social Policy 1950-1980,* Chicago, 1984. Murray concluye que el remedio es que el matrimonio y la familia vuelvan a ser la norma. Esto requiere un cambio en los comportamientos; el problema es que la asistencia social indiscriminada permite sobrevivir sin necesidad de adoptar los cambios.

dencia a juridificar las uniones libres encierra una paradoja típica de sociedades burocratizadas y, por tanto, «ávidas de inmatriculaciones» [253]: la de correr el riesgo de conculcar la libertad a través de la atribución de efectos jurídicos a lo que la propia libertad inicialmente quiso desprovista de efectos. Esta tendencia, implícita en los esfuerzos del *Welfare State* de hacer intervenir al Estado en todo acontecer social, es lo que ha llevado a evaluar la doctrina jurisprudencial latente en el caso *Marvin* como reductora del amor libre a un «minimatrimonio forzado» [254]. Algo que se denunció ya en 1986, en el Parlamento danés, cuando se presentó un proyecto de ley que permitía a uno o a los dos concubinos mayores de edad, con una convivencia ininterrumpida de tres años, exigir la transformación de la relación concubinaria en verdadero matrimonio. El *Folketing* danés acogió mal este «matrimonio forzado» como contrario al artículo 23 del Pacto internacional de derechos civiles y políticos, según el cual el matrimonio no puede celebrarse «sin el consentimiento libre y pleno» de los contrayentes [255]. Y en Inglaterra se ha entendido contraria a la autonomía de la voluntad esa «moralización del concubinato» que se pretende hacer a través de su producción orgánica e institucional de efectos [256].

Existen algunos ejemplos ilustrativos. Si se estableciera por ley que la ruptura de la convivencia de hecho llevara aparejada, en todo caso, una indemnización al *partner* defraudado no sería injusto hablar, como hace una reciente sentencia de un juzgado de Madrid, «de una verdadera estafa por la libertad individual si después de optarse libremente por la unión extramatrimonial, se le aplicara a los convivientes la regulación jurídica de la unión matrimonial. Se les impondría unos efectos jurídicos que ellos no han querido» [257]. Tendría lugar una inversión análoga a lo que sucede con la simulación en el Derecho matrimonial: impide acoger como tal una relación en la que uno o ambos

[253] F. TERRE, «Le mariage religieux en droit francais», en el vol. *Mariage civil et mariage canonique*, Paris, 1985, p. 56.

[254] «Unos dicen que [Marvin] sólo adapta a la realidad un estado de hecho. Sin embargo, en un cierto sentido, reduce el amor libre a un minimatrimonio forzado que se impone a las partes sin su consentimiento e incluso sin que tengan conciencia de ello (contra la Declaración de los Derechos del Hombre que exige el pleno consentimiento de las partes, art. 16.2)»: KRAUSSE, *op. cit.*, p. 142.

[255] Cfr. M.-T. MEULDERS-KLEIN, *Mariage et concubinages ou les sens et contrasens de l'histoire*, cit., p. 279.

[256] Cfr. ZUCKERMAN, «Formality and the Family. Reform and the Status Quo», *Law Quarterly Review*, 1980, pp. 278 ss.

[257] Sentencia de 20 de septiembre de 1989, del Juzgado de 1.ª Instancia número 22 de los de Madrid (inédita).

contrayentes excluyen internamente el matrimonio mismo. Aquí, en la convivencia de hecho, ese matrimonio forzado produciría el efecto de acoger como similar al matrimonio una relación jurídica inicialmente no deseada como tal[258].

Derivada de esta paradoja se detecta otra, que implica una cierta incoherencia jurídica. Como es sabido, lo característico de la unión libre en sus orígenes fue la voluntad inicial de vivir fuera de todo esquema legal, lo que se ha llamado una hipótesis de «*non droit comme choix individuel*». Frente al matrimonio, tachado de «cárcel del amor», nació la convivencia pura y simple, sin reglas ni papeles. Una unión basada sólo en los sentimientos, ajena a protecciones y cortapisas jurídicas. Al generalizarse el fenómeno, algunos que huyeron del Derecho en el momento de constituir su libre relación reclaman ahora su intervención cuando se extingue o cancela. Parece como si se comenzara invocando el amor romántico y se concluyera hablando de dinero. Es decir, se quiso separar el amor del Derecho y de pronto se vuelve a las consecuencias jurídicas. Se tiraron por la ventana las reglas del matrimonio y luego se pretende que entren por la puerta[259].

En realidad, sería muy difícil una regulación orgánica de la unión de hecho que no produjera una doble desnaturalización: la de la propia unión libre, que perdería su utilidad y perfiles en cuanto se la someta a reglas no pensadas para ella; y la de la familia de base conyugal que, por la progresiva extensión de efectos a la familia de hecho, vería poco a poco diluida su propia configuración. Es que el presupuesto de las normas tuteladoras de las relaciones en el Derecho de familia suele ser la vinculación de por vida, originada por el matrimonio, y las consiguientes obligaciones de él derivadas: vivir juntos, guardarse fidelidad y socorrerse mutuamente. Al faltar esa relación, tanto los correla-

---

[258] En lo que concierne al Derecho español, en el proyecto de ley remitido inicialmente por el Gobierno al Congreso había unas normas que se dedicaban a la simulación matrimonial, legitimando a los contrayentes y al Ministerio Fiscal para ejercitar la correspondiente acción, salvo que los cónyuges hubiesen vivido juntos más de seis meses. Tales disposiciones desaparecieron posteriormente. A pesar de ello los artículos 45 y 73.1 del Cc es evidente que recogen la simulación. Cfr. L. DÍEZ-PICAZO y A. GULLÓN, *Sistema de Derecho Civil*, IV, *Derecho de familia. Derecho de sucesiones*, 5.ª ed., Madrid, 1990, p. 85; J. FERRER ORTIZ, «La simulación en el Derecho matrimonial español. Estudio comparado con el Derecho canónico», *Ius Canonicum*, 66, 1993, en especial pp. 669 ss.

[259] Cfr. I. ARÉCHAGA, *op y loc. cit.* Sobre este punto observa DÍEZ-PICAZO (*Familia y Derecho*, cit., p. 28): «Lo que me importa es destacar la paradoja que en todo ello subyace [se está refiriendo al caso Marvin y a otros semejantes]. Aquellos que buscaron un sistema de vida familiar libre de ataduras jurídicas, terminan recurriendo al Derecho para sostener unas pretensiones jurídicas, que probablemente son muchas veces justas.»

tos obligacionales como el conjunto de derechos que los tutelan no es posible atribuirlos analógicamente a una situación de hecho cuyos presupuestos no son precisamente coincidentes[260].

De ahí que los modelos de tutela de esas uniones suelan moverse no tanto en el marco propio del Derecho de familia, sino en el del Derecho de la persona y en algunos institutos del Derecho de obligaciones como la acción de enriquecimiento indebido, la *soluti retentio*, la gestión de negocios, la responsabilidad por acto ilícito, la sustitución en el contrato, etc. Lo cual se justifica en la diversidad de tipología a la que obedece el matrimonio y la unión de hecho, pues ésta, a diferencia de la matrimonial, se configura con aspectos prevalentemente internos y precarios, heterogéneos e incompatibles con el matrimonio. Fenómeno, por lo demás, también perceptible en otros campos distintos del matrimonial, como, por ejemplo en el Derecho patrimonial, con el peculiar juego de la sociedades de hecho o las irregulares[261].

Por otra parte la aplicación de la lógica y de la normativa propia del Derecho de familia a relaciones diversas, sin base conyugal, plantea el problema de los límites de dicha extensión. ¿Por qué limitar la protección a las uniones de hecho monogámicas? ¿Por qué dejar fuera a las relaciones poligámicas? ¿Cuál es la razón que impediría la tutela de relaciones no cualificadas por la nota de sexualidad? Si la tutela de la unión de hecho a través de una legislación orgánica se pretende justificar en el principio de igualdad y de no discriminación respecto al matrimonio, no se ve con claridad por qué la extensión de efectos

[260] Como hace notar V. GARRIDO DE PALMA (*Derecho de la familia*, Madrid, 1993, p. 228): «[...] no cabe atribuir efectos personales *cuasi* matrimoniales a la situación concubinaria. Esta relación, que nace espontánea, puede morir en cualquier momento de igual modo y unilateralmente, sin requisito alguno. Si los cónyuges están obligados a vivir juntos, guardarse fidelidad y socorrerse mutuamente (art. 68 Cc), debido a la vinculación vitalicia que el matrimonio ha originado, al faltar éste falla todo el entramado jurídico que pretende derivarse del mismo. Y es que los que no quieren o no pueden casarse no tienen luego derecho a invocar la normativa legal establecida en atención al vínculo mismo y a partir de él, por el carácter institucional del matrimonio, que en la mera convivencia —aun probada— falta.» Por su parte JUAN PABLO II («Discurso a un grupo de obispos de los Estados Unidos en visita *ad limina*», 8 de junio de 1993, *DP*, 107, 1993, p. 145) observaba no hace mucho que «una concepción que expresa la supuesta autonomía absoluta de juicio personal pretende considerar la familia solamente como una de las muchas instituciones disponibles y libremente elegidas, cuyo objetivo es favorecer la realización de la persona. Esta concepción hace que surjan intentos de legitimar otras formas de convivencia que reivindican derechos que de suyo pertenecen únicamente a la familia.»

[261] Sobre la justificación y necesidad de una diversidad de régimen entre matrimonio y unión libre, vid. más extensamente en BERNARDINI, *La convivenza fuori del matrimonio*, cit., pp. 170-171.

—también por razones de igualdad y de no discriminación— no haya de generalizarse también a otras relaciones cuya característica sea la convivencia por razones de amistad o de economía, sin base sexual. Como se ha dicho, negarles dicho tratamiento paritario podría interpretarse como un discutible intento de primar las relaciones por razón de sexo con respecto a las no sexuales. De este modo acabaríamos entrando en la órbita de una fatigosa espiral dialéctica, en la que se oscurecería la rigurosa interpretación que ha de hacerse del principio de igualdad, también en el ámbito de las relaciones matrimoniales y paramatrimoniales. Esto es, el tratamiento desigual de relaciones desiguales [262].

En síntesis, me parece que la concesión de determinados efectos a las uniones de hecho no es en sí recusable, lo que sí puede serlo es el vehículo a través del que se intenta conferirle dichos efectos, en cuanto quiera concedérsele una base institucional y regulación orgánica legislativa, con los consiguientes problemas y dificultades hasta ahora apuntados. Por decirlo con otras palabras, lo recusable no es tanto la «normalización» de las uniones de hecho en el campo jurídico, con la concesión de ciertos efectos, cuanto su «institucionalización» [263]. Las contrastadas dificultades objetivas de la creación por ley de una especie de matrimonio de segunda clase, sin deber de fidelidad, con un atenuado deber de manutención y con ciertas consecuencias sucesorias no terminan de resolver el problema [264]. Quizá sea preciso un tratamiento distinto, que reenvíe la regulación de las uniones de hecho al ámbito de la autonomía privada y, subsidiariamente, de la jurisprudencia.

---

[262] Como es sabido, el Tribunal de Derechos Humanos en diversas sentencias (por ejemplo, las de 23 de julio de 1968 y 27 de octubre de 1975) señala que la discriminación se produce «cuando una distinción de trato carece de justificación objetiva y razonable». Y el TC español (sentencias de 2 de julio, 10 de noviembre, 16 de noviembre y 22 de diciembre de 1981, entre otras) recoge esa generalizada doctrina en estos términos: «El principio de igualdad jurídica consagrada en el artículo 14 hace referencia, inicialmente, a la universalidad de la ley, pero no prohíbe que el legislador contemple la necesidad o conveniencia de diferenciar situaciones distintas y de darles un tratamiento diverso, que puede venir exigido, en un Estado social y democrático de Derecho, para la efectividad de los valores que la Constitución consagra, como son la justicia y la igualdad... Lo que prohíbe el principio de igualdad jurídica es la discriminación [...], es decir que la desigualdad de tratamiento legal sea injustificada por no ser razonable.»

[263] Sobre este punto vid. las apreciaciones de DE VALKERNER, *op. et loc. cit.*, p. 352.

[264] Cfr. FINNOCHIARO, *op. cit.*, p. 20. En la doctrina belga se ha propuesto la reviviscencia actual del sistema de matrimonio romano. Así S. BORREMANS, «Vers une réapparition du mariage sine manu?», en el vol. cit. *L'union libre*, pp. 326-327, postula la creación de un sistema de doble matrimonio. El matrimonio actual se convertiría en un matrimonio *cum manu:* formalismo en la constitución; lazos no solamente personales, sino también patrimoniales entre los cónyuges; imposibilidad de disolución unilateral, etc. Junto a él se crearía un matrimonio *sine manu*, sin formalidades en su constitu-

Dadas las muy diversas modalidades de uniones de hecho, y distinto grado de afectividad, las plurales consecuencias económicas e incluso sociales, muy probablemente una regulación por ley acabaría sofocándolas en la medida en que se las uniformice. Mientras que las decisiones autónomas y pacticias suscritas, caso por caso, por los mismos protagonistas de la unión de hecho, parecen el marco adecuado para su plural regulación que el propio ordenamiento protegería. Cuando el convenio fuera insuficiente o no actuado, la jurisprudencia podría colmar las lagunas dejadas por la autonomía privada a través de una ponderada aplicación de las normas del Derecho común, desde el enriquecimiento sin causa o las virtualidades que se encierran en la categoría de las obligaciones naturales, hasta la *soluti retentio* pasando por la responsabilidad ante el hecho injusto. No se trata de excluir intervenciones legislativas sectoriales, circunscritas a disciplinar algunos aspectos secundarios, como el problema de la casa común, de la empresa familiar o del resarcimiento por daño por la muerte del conviviente, etc. Pero sí de evitar ambiciosas intervenciones legislativas de tipo orgánico, que más que solucionar el problema acabe complicándolo[265].

4. LA DEBILITACIÓN DE LA HETEROSEXUALIDAD

4.1. Ideas previas

Afirmar que el modelo matrimonial de Occidente ha sido siempre heterosexual, es decir algo tan obvio que históricamente, por su evidencia, no ha necesitado de argumentación alguna. Es ya lugar común en la doctrina la aseveración de que los sujetos de la relación jurídico-matrimonial son, precisamente, un varón y una mujer. Es decir, que lo que distingue el amor conyugal de cualquier otro es su específico carácter de complementariedad sexual[266]. Lógica consecuencia de la pro-

ción, sin interdependencia económica y sin restricciones en la disolución. La figura del concubinato, al modo romano, se reservaría a un conjunto de situaciones múltiples no factibles de encuadrar en ninguna de esas dos formas de matrimonio: convivencias prenupciales, uniones homosexuales, poliándricas, poligámicas, etc. Ya se entiende que la propuesta no es viable y alteraría todavía más el sistema.

[265] En este sentido, E. Liuzzo, *Alcuni aspetti civilistici della convivenza more uxorio alla luce dei più recenti orientamenti dottinali e giurisprudenziall,* cit., p. 825. Un buen resumen de la doctrina proclive a una regulación de la convivencia entre compañeros a través de la vía de convenios y una correlativa aplicación ponderada de la jurisprudencia vid. en Estrada Alonso, *op. cit.,* pp. 139 ss.

[266] Cfr. P. J. Viladrich, *Agonía del matrimonio legal,* Pamplona, 1984, pp. 63 ss.

pia noción de matrimonio, que no sólo es un vínculo de unión entre varón y mujer, sino más propiamente un varón y una mujer unidos entre sí a través de la integración de las diferencias naturales propias de la distinción de sexo. Así que el matrimonio ha podido definirse como «el desarrollo, normal y adecuado, de la permanente e invariada tendencia o inclinación natural de la persona humana a la unión varón-mujer en orden a la procreación de los hijos, conforme a las exigencias de orden que son inherentes a esa tendencia» [267].

Actualmente, sin embargo, comienza a insinuarse, con las consecuencias a las que enseguida aludiré, una tendencia a difuminar la nota de heterosexualidad en el matrimonio. Con lo cual, como se ha precisado, una vez más se demuestra que el matrimonio se ha vaciado de sentido, pero no de significado. ¿Por qué ese empeño de las parejas heterodoxas por calificarse de matrimoniales? La explicación, como observa DE LA HERA, quizá radique en que se quiera tener la consideración social que se otorga a las uniones normales, y lo que hace que una situación de unión sea *normal* es la ceremonia matrimonial [268].

Se trata de algo incipiente y minoritario, pero con notable resonancia en algún foro internacional. Su importancia estriba, me parece, en la confusa orientación acerca del sexo que encierra, en la que se ignora su conexión fundamental con la generación. Una orientación que conecta «con la crisis contemporánea de la identidad sexual y la crisis del sentido de la dualidad sexual humana, para la que la sexualidad ha ido perdiendo progresivamente su objeto más característico y diferenciador, la procreación; su ámbito propio, el matrimonio; y su sujeto psicofísico diferenciado, hombre y mujer; y así la sexualidad se nos presenta ahora como una propiedad que puede ser empleada libremente en toda su gama de posibilidades, en cualquier tipo de situaciones y de relaciones sociales, por personas que, en cuanto tales, son socialmente asexuadas; esto es, por andróginos psicológicos y sociales. De aquí se siguen dos efectos: la sexualización progresiva de la cultura y de la vida social en general, y la libre elección de la identidad sexual [...] en contra del propio sexo biológico, legitimando el transexualismo; y deja abierta la puerta a la libre elección de la conducta sexual, al margen de la finalidad directa de la misma, legitimando la homosexualidad» [269].

---

[267] J. HERVADA, «Reflexiones en torno al matrimonio a la luz del Derecho natural», en sus *Escritos de Derecho natural,* 2.ª ed., Pamplona, 1993, p. 183.

[268] A. DE LA HERA, «La definición del matrimonio en el ordenamiento jurídico español (Su determinación a través de la temática de la capacidad y de los impedimentos)», en *Libertades fundamentales y sistema matrimonial,* cit., p. 7.

[269] MARÍN LÓPEZ, «Redefinición de los papeles sexuales en la sociedad industrial

4.2. El proceso de descriminalización de la homosexualidad

La legitimación en el plano privado ha tenido consecuencias múltiples. Quizá el más significativo sea la descriminalización de la homosexualidad, especialmente en el ámbito del Derecho europeo. Lo cual, a su vez, ha tenido repercusiones en el marco del sistema de la tutela regional de los derechos reconocidos en el Convenio de Roma, que ha conocido un *crescendo* de recursos en conexión con esta cuestión. Por la indirecta trascendencia que va a tener en el plano del Derecho matrimonial tal vez convenga detener nuestra atención en este proceso.

Podemos distinguir dos fases en la posición de los órganos de Estrasburgo. En la primera, hasta principios de los años ochenta, la Comisión de Derechos Humanos solía rechazar las demandas presentadas por homosexuales contra distintos aspectos de la criminalización de la homosexualidad en legislaciones nacionales de Estados miembros. Representativas de esta tendencia fueron las decisiones de 17 de diciembre de 1955 y 30 de septiembre de 1975. En la primera, la Comisión considera «que la Convención permite a una Alta Parte contratante establecer, en su legislación, la homosexualidad como infracción punible y, por tanto, injerirse en la vida familiar y privada cuando se trata de proteger la salud y la moral» (art. 8.2 de la Convención). Añadiendo: «que el artículo 14 de la Convención relativo a la discriminación en cuanto el sexo, no excluye la posibilidad de establecer una diferenciación entre los sexos para las medidas que la Alta Parte contratante adopte con respecto a la homosexualidad, para la protección de la salud o de la moral». De este modo se rechaza la demanda de un ciudadano alemán contra la RFA condenado a quince meses de prisión por homosexualidad, en aplicación del artículo 175 del Código penal alemán [270].

En la de 30 de septiembre de 1975, de nuevo un ciudadano alemán demanda a la RFA por hechos acaecidos tras la reforma del Código penal de 1969 despenalizando la homosexualidad entre adultos. Sin embargo, continuaba sancionándose al «varón de más de dieciocho años que cometa un atentado contra el pudor sobre la persona de otro varón de menos de veintiún años». El recurrente había sido condenado a

avanzada», en *Masculinidad y feminidad en el pensamiento contemporáneo,* II Simposio Internacional, Inst. de Ciencias para la Familia, Pamplona, 25-27 de septiembre de 1989, cit. por J. Escrivá-Ivars, «Transexualismo y matrimonio», *Persona y Derecho,* pp. 326-327.

[270] Cfr. Decisión 104/55, *Annuaire de la Convention européenne des droits de l'homme,* 1955-1957, pp. 228-229.

dos años por cometer actos impúdicos con individuos del mismo sexo, alguno de ellos menor de edad. Alegaba que la represión de la homosexualidad en los términos establecidos por la reforma del Código penal alemán continuaba siendo una intervención abusiva del Estado en la vida privada. La Comisión rechaza la demanda, haciendo notar que ciertas manifestaciones de la vida sexual pueden ser objeto de injerencia a través del Estado conforme al artículo 8.2 de la Convención de Roma. Y después de haber observado que las disposiciones del Código penal alemán relativas a los delitos sexuales se han dulcificado tras la Ley de 1969, la Comisión entiende también, rechazando las alegaciones del recurrente, que no hay discriminación de la homosexualidad masculina sobre la femenina: «la distinción está justificada porque los homosexuales masculinos constituyen frecuentemente un grupo sociocultural que ejerce un proselitismo neto en relación con los adolescentes, lo cual es negativo para ellos». A su vez, entiende válido establecer márgenes de edad diversos para la penalización de las actividades homosexuales y heterosexuales [271].

Como ha quedado dicho, el cambio de orientación se produce a partir de los años ochenta. Representativo del mismo será la sentencia dictada por el Tribunal de Derechos Humanos en el caso *Dudgeon,* con fecha de 22 octubre de 1981 [272]. El supuesto de hecho es el siguiente. Un ciudadano británico, homosexual y residente en Irlanda del Norte, dirige desde hace varios años una campaña para reformar el Derecho del Ulster sobre la homosexualidad. En él se integran dos antiguas Leyes (una de 1861 y otra de 1885) por el que se castigan los actos de *buggery* y atentado grave al pudor y la decencia, en público o en privado, con penas que en el primer caso pueden llegar a la prisión perpetua y en el segundo caso a dos años de reclusión. Sin embargo, las relaciones entre lesbianas adultas no se consideran delictuosas. En un registro efectuado por la policía en busca de estupefacientes, descubre documentos concernientes a las actividades sexuales de Dudgeon. Se le informa, sin embargo, que no será encarcelado. No obstante, Dudgeon recurre ante la Comisión sosteniendo que el Derecho penal norirlandés, prohibiendo los actos de homosexualidad en privado entre adultos masculinos, consolida un atentado contra el respeto a su vida privada. Además, alega ser víctima de una discriminación contraria al artículo 14 de la Convención, en la medida en que

[271] Cfr. Decisión 5935/72, *Commision européenne des droits de l'homme, Décisions et rapports,* vol. 3, pp. 46-51.

[272] Sentencia Dudgeon, en *Publications de la Cour européenne des droits de l'homme,* Serie A, § 45 ss.

la Ley del Ulster es más rigurosa con los homosexuales masculinos que con los femeninos.

El Tribunal de Estrasburgo, aun reconociendo legítima una cierta reglamentación penal de la homosexualidad masculina, concluye por mayoría que Dudgeon ha sufrido un atentado a su vida privada. Pero rechaza que tenga derecho a practicar la homosexualidad con menores de veintiún años y reafirma el derecho de los Estados miembros de regular de algún modo la homosexualidad, en la medida que sea necesaria para defenderse contra la explotación y la corrupción de personas especialmente vulnerables. Un año después de la sentencia (9 de diciembre de 1982), Irlanda del Norte despenaliza los actos homosexuales entre adultos con veintiuno o más años[273].

La solución encontró eco en la recomendación 924 (1981) de la Asamblea parlamentaria del Consejo de Europa, que solicitó al Consejo de Ministros que exhortara a los estados miembros a abolir las leyes que sancionan penalmente la homosexualidad[274]. Además, la presión de grupos de homosexuales ha llevado a la Organización Mundial de la Salud a eliminar con efectos de 1 de enero de 1993 la homosexualidad de la lista de enfermedades; también los medios de comunicación comienzan a difundir mensajes de mayor tolerancia con este fenómeno; y el avance de la medicina ha producido con éxito las primeras intervenciones quirúrgicas de cambio morfológico, que no biológico, de sexo. Hecho que ha encontrado eco favorable, aunque no unánime, en alguna jurisprudencia que ha concedido efectos jurídicos al cambio morfológico de sexo[275].

Este conjunto de datos —razonables, en su mayoría— ha tenido como desenlace planteamientos no tan razonables. En concreto, y en el tema matrimonial, destaca la tendencia antes apuntada a eliminar las prohibiciones de contraer matrimonio entre homosexuales, y el consiguiente establecimiento de regímenes jurídicos equivalentes entre las uniones homosexuales y las heterosexuales.

---

[273] Sobre este proceso de descriminalización de la homosexualidad en el Derecho regional europeo, he seguido los datos aportados por J. B. Marie, «L'homosexualité et la Convention européenne des droits de l'homme», en el vol. *L'homosexuel(le) dans les sociétés civiles et religieuses,* Strasbourg, 1985, pp. 61 ss.

[274] Cfr. ibídem, p. 80.

[275] Entre la jurisprudencia proclive a la concesión de efectos jurídicos al transexualismo destaca una sentencia de 1978 del Tribunal Constitucional federal alemán (BVerfGE 49, 286) en la que se establece: «la dignidad humana y el derecho fundamental de toda persona al libre desarrollo de su personalidad exigen que se adapte la condición personal del individuo al sexo al que pertenece conforme a su constitución psicológica y física.» A su vez en los Estados Unidos, la Corte Suprema de Nueva Jersey (*M.T.*

4.3. Primeras equiparaciones legales y jurisprudenciales con el matrimonio

Prescindiendo de algún aislado planteamiento doctrinal [276], conviene dejar ahora constancia de intentos legislativos, de ciertas orientaciones jurisprudenciales y de alguna declaración supranacional, en la que se solicita tal equiparación.

A nivel legislativo, los dos intentos más llamativos han sido las Leyes danesa y noruega, de 1 de octubre de 1989 y 1 de agosto de 1993, respectivamente.

La Ley danesa —*Lov om registreret partnerskab (The Danish Registered Partnership Act)*— fue aprobada por el Parlamento, no obstante el dictamen contrario de la comisión jurídica previa de estudio. La regulación equipara la unión homosexual «registrada» al matrimonio heterosexual, tanto en el marco de los Derechos sociales (fiscal, seguridad social, pensiones, etc.), como en el del Derecho civil. Y, en este último, tanto en sus efectos jurídicos —incluidos los sucesorios— como en los trámites constitutivos y disolutorios.

Existen, sin embargo, algunas restricciones sintomáticas. La primera es que los titulares de la relación jurídico-matrimonial homosexual no pueden adoptar ni ejercer un derecho de guarda conjunto. La segunda, que se excluya a la unión de homosexuales de la libertad de elección, vigente en Dinamarca para el matrimonio heterosexual, entre la celebración de una ceremonia religiosa o civil. Como la propia Ley explicita, la inscripción la hacen siempre las autoridades civiles. En esta misma línea resalta que en el proceso de divorcio, al que se

---

v. J.T., 1976, 2. F.L.R. 2247) ha entendido que una operación de transexualidad debe considerarse un cambio de sexo a efectos jurídicos: «siempre que no contraríe algún interés social, principio de orden público o precepto moral.» Ambas citadas por Martens en su voto contrario a *Cossey,* en *Persona y Derecho,* 2 (1992), pp. 427-428. Sin embargo, el propio Martens cita otros ejemplos de sentencias europeas reticentes a conceder plenos efectos jurídicos al cambio de sexo. Entre ellas, Reino Unido: *Corbett v. Corbett* (1970, 2 W. L.R. 1306, 1324); Francia: sentencias de la Corte de Casación de 16 de diciembre de 1975 (D. 1976, 397, 30 de noviembre de 1983, D. 1984, 165) y de 3 de marzo de 1987 (D. 1987, 445); Alemania: BGH, 21 de septiembre de 1971, BGHZ 57, 63; Holanda: HR, 3 de enero de 1975, NJ 1975, 187.

[276] Me refiero, por ejemplo, al de I. C. Ibán («Notas para una propuesta de definición del matrimonio», *Revista de Derecho Privado,* junio de 1993, pp. 577 ss.), que parece postular una visión del matrimonio como simple «unión sexual». En tal definición, según el autor, cabrían todas las uniones que tuvieran esa característica, independientemente de su carácter homo o heterosexual. Es cierto que el propio Ibán observa que su planteamiento viene a reflejar «la esquizofrenia generalizada de la sociedad» en esta materia (p. 583).

aplica el mismo procedimento disolutorio que el del matrimonio heterosexual, no se pueda solicitar (como expresamente se prevé en la disolución por divorcio de este matrimonio) la mediación de un clérigo para la reconciliación entre los *partners* [277]. Por lo demás, la aprobación de la Ley de 1989 llevó aneja la reforma del Código penal danés, de modo que una persona pueda ser castigada por «matrimonio ilegal» si registra una unión homosexual existiendo previo matrimonio o unión homosexual registrada [278].

Por su parte, la Ley noruega de 1 de agosto de 1993 [279] sobre «registro de parejas» (*Act on Registered Partnerships*) especifica en su Sección II que «dos personas del mismo sexo pueden registrar su relación como pareja», inscripción que «produce los mismos efectos legales que la del matrimonio», con la excepción contenida en la Sección IV de la Ley, que excluye a estas uniones de la posible aplicación de las disposiciones de la Ley de Adopción relativas a los esposos. Añadiendo la Sección III que «las disposiciones de la legislación noruega en relación con el matrimonio y los esposos se aplicarán a las parejas registradas y a sus miembros».

A las uniones no se les exigen, en principio, las condiciones de fondo exigidas para la validez del matrimonio; pero la Ley especifica que «ninguna persona puede contraer una relación de pareja si previamente consta registrado un matrimonio u otra relación de la misma índole». En fin, consciente el legislador noruego de los problemas que la constitución o extinción de este peculiar matrimonio puede encontrar en el marco del Derecho internacional privado, especifica, por un lado, que «una pareja sólo puede ser registrada, si una o las dos partes está domiciliada en el Reino y al menos una de ellas posee la nacionalidad noruega»; por otro, que «las acciones que se refieran a las disoluciones de parejas registradas, sólo podrán ser presentadas ante un Tribunal noruego» (Sección V). Por su parte, la entrada en vigor de la nueva ley (como ocurrió en Dinamarca), ha supuesto la creación de

---

[277] Esta limitación fue introducida el 19 de diciembre de 1989 (Act. 821/1989). Hay que advertir que la Ley danesa incluía en realidad dos Leyes, la n.º 372 de 7 de junio del mismo año y la n.º 373 de 7 de junio también de 1989. La primera implicaba una serie de modificaciones de la legislación danesa sobre el matrimonio; la segunda modificaba el Derecho penal y ciertas normas sobre sucesiones.

[278] Sobre la Ley danesa, vid. M. HOJGAARD PEDERSEN, «Danemark: Le certificat de concubinage homosexuel et les nouvelles dispositions concernant le divorce et la séparation», en el vol. cit. *Regards sur le droit de la famille dans le monde,* pp. 127 ss.

[279] El texto y los antecedentes de esta ley pueden verse en *The Norwegian Act on Registered Partnerships for Homosexual Couples, The Ministry of Children and Family Affairs,* Oslo, 1993.

nuevos tipos delictuosos, con la consiguiente reforma del Código penal noruego de 1902. Entre ellos, el delito de celebración ilegal de «relación de pareja»; es decir, sin haber disuelto previamente el matrimonio o «relación de pareja» registrada y celebrada anteriormente por uno de los dos convivientes, que implicará una pena no superior a cuatro años de prisión.

También en el Derecho estadounidense se ha reconocido en algunas municipalidades a ciertas uniones de homosexuales un *status* similar al matrimonio. Así, la ciudad de Berkeley, por la *Domestic Partnership Policy* de 4 de diciembre de 1984, extendió ciertos beneficios anejos al matrimonio (cobertura médica, pensiones de «viudedad», indemnización por muerte accidental del compañero, etc.) también a los concubinos homosexuales o heterosexuales. Según esta legislación, una *domestic partnership* puede existir entre dos personas, sea cual sea su sexo si registran su concorde voluntad[280]. A su vez, en Holanda el Ministerio de Transportes decidió conceder el beneficio de las reducciones familiares a las parejas de homosexuales. Desde hace unos años, las autoridades municipales y provinciales extienden a los funcionarios homófilos las ventajas concedidas a los funcionarios casados en materia de permisos, indemnizaciones, etc. Estas actuaciones aisladas han tenido también repercusión reciente en España, donde algunos municipios han establecido un registro de uniones de hecho con efectos limitados a las propias características del registro municipal.

En el marco jurisprudencial, un tribunal de Amsterdam, aplicando el Código civil holandés, que prevé la pérdida del derecho a la pensión alimenticia cuando el esposo divorciado «se vuelve a casar o vive con otra persona maritalmente», suprimió la pensión de una divorciada que cohabitaba con una lesbiana, haciendo notar que esta última disponía de más medios para subvenir a las necesidades de su compañera que el ex-marido. Por su parte, alguna aislada decisión jurisprudencial norteamericana ha otorgado también efectos a la unión homosexual. Así, la Corte Suprema de Georgia en el caso *Weeks* (1979) ha entendido válido un testamento cuyo beneficiario había mantenido durante seis años una relación sentimental con el testador; y la Corte Suprema de Arkansas en *Bramlett v. Selman* ha aplicado la noción de *constructive trust* para conceder ciertos efectos patrimoniales en un caso de unión homosexual[281].

---

[280] Cfr. H. D. KRAUSE, «Les concubinages aux États-Unis d'Amerique», en el vol. cit. *Des concubinages dans le monde,* p. 133.

[281] Véanse las referencias en F. BOULANGER, *Droit Civil de la famille,* I, Paris, 1990, p. 357.

4.4. La resolución 28/1994 del Parlamento europeo

Sin embargo, la más notoria manifestación de esta tendencia de equiparación con el matrimonio ha sido la resolución del Parlamento europeo sobre «igualdad de derechos de los homosexuales y de las lesbianas en la Unión Europea», aprobada el 8 de febrero de 1994[282]. La propuesta inicial de resolución era elaborar en la Comisión Europea una directiva sobre la materia, no una recomendación. La directiva, como es sabido, exige armonizar la legislación de los países de la Unión Europea, mientras que la recomendación, que es lo que a la postre se solicita elabore la Comisión, no es de obligado cumplimiento. La resolución no fue aprobada por voto masivo de los miembros de la Cámara. De los 518 diputados que forman el Parlamento europeo, participaron en la votación solamente 273 (el 52,7 por 100); de ellos votaron a favor 159 (30,7 por 100), 98 en contra; y se registraron 18 abstenciones de diputados presentes.

La resolución solicita, entre otras, la supresión de las disposiciones jurídicas que criminalizan y discriminan las relaciones sexuales entre personas del mismo sexo; las que persiguen la homosexualidad como un atentado contra el orden público o las buenas costumbres; las que establecen el almacenamiento electrónico de datos relativos a la orientación sexual de un individuo sin su consentimiento; o las que suponen discriminación en el Derecho laboral, penal, civil, contractual y comercial. En fin, en lo que aquí interesa, solicita que la futura recomendación que se elabore ponga fin «a la prohibición de contraer matrimonio o de acceder a regímenes jurídicos equivalentes a las parejas de lesbianas o de homosexuales»; garantizando a dichas uniones «los plenos derechos y beneficios del matrimonio». También se solicita que se elimine, en los Derechos nacionales, «toda restricción de los derechos de las lesbianas y homosexuales a ser padres, a adoptar o a criar niños».

La resolución del Parlamento europeo tuvo una notable repercusión en los medios políticos y eclesiásticos. Aunque deseo abordar la cuestión desde la perspectiva jurídica, tal vez no sea innecesario hacer una breve referencia a la autorizada intervención de Juan Pablo II en su alocución de 20 de febrero. En ella, el Santo Padre señala que la resolución del Parlamento europeo no se ha limitado simplemente a defender a las personas con tendencias homosexuales «rechazando in-

[282] Resolución A3-0028/94, aún no publicada en los repertorios oficiales. Utilizo la versión española, cotejándola con el texto francés.

justas discriminaciones hacia ellas, cosa con la que la Iglesia no sólo está de acuerdo, sino que apoya decididamente. Lo que no es moralmente admisible es la aprobación jurídica de la práctica homosexual [...]. Con esta resolución se ha pedido legitimar un desorden moral, al conferir indebidamente un valor institucional a comportamientos desviados.» Concretamente: «la unión entre dos hombres o dos mujeres no puede constituir una verdadera familia. Menos aún se puede atribuir a tal unión el derecho a la adopción de hijos privados de familia, pues a estos hijos se les aporta un grave y peligroso daño, ya que en esta "familia suplente" ellos no encuentran el padre y la madre, sino o "dos padres" o «dos madres» [283].

Centrándonos ya en la vertiente jurídica de la resolución, conviene ante todo hacer notar el elevado número de votos en contra y abstenciones que encontró dentro del mismo Parlamento; quizá consecuencia de la radicalidad de la equiparación de efectos de la unión homosexual y el matrimonio. Mientras otros aspectos de la resolución fueron asumidos sin dificultad por los distintos grupos parlamentarios, es evidente que el intento de mimetizar las uniones de homosexuales y el matrimonio plantea problemas de mayor cuantía.

4.5. Las dificultades del problema

Lo espinoso de la equiparación ya lo captó el propio Tribunal de Derechos Humanos en dos sentencias emitidas con motivo de los casos *Rees* y *Cossey*. En la primera, un transexual (mujer convertida en hombre) demandó al Gobierno británico por negarle el derecho a casarse con una mujer. El Tribunal —por unanimidad— estimó que el impedimento existente en el Reino Unido de no permitir el matrimonio entre personas del mismo sexo no implicaba violación del artículo 12 del Convenio de Roma, que —garantizando el derecho a casarse— «se está refiriendo al matrimonio tradicional entre dos personas de sexo biológico diferente» [284].

[283] *Alocución durante el Ángelus*, domingo 20 febrero 1994. En el mismo sentido se pronunció la Conferencia Episcopal Española el 24 de junio de 1994: *Matrimonio, familia y «uniones homosexuales». Nota de la Comisión Permanente del Episcopado con ocasión de algunas iniciativas legales recientes.*

[284] Sentencia *Rees v. United Kingdom*, de 17 de octubre de 1986, Serie A, n.º 106. Sobre ella, vid. Y. Gómez Sánchez, *El derecho a la reproducción humana*, Madrid, 1994, pp. 154-155; O. Jacot-Guillarmod, «Les liens familiaux dans la jurisprudence de Strasbourg», en el vol. *Problèmes de Droit de la famille*, Neuchâtel, 1987, pp. 79 ss.

En el caso *Cossey*[285], una ciudadana británica, registrada como varón en el Registro civil del Reino Unido, intenta casarse con un ciudadano italiano. El Registro le informa que, no obstante su cambio morfológico de sexo acaecido a través de una operación quirúrgica, el matrimonio proyectado sería nulo según el Derecho inglés por no ser ella considerada biológicamente del sexo femenino, a pesar de su nueva condición anatómica y psicológica. También se le notifica la imposibilidad de expedir un certificado de nacimiento en el que aparezca como mujer, ya que estaba registrada como hombre. Cossey recurre a la Comisión, aunque previamente ha roto amistosamente con el varón italiano. Más tarde, en mayo de 1989 tiene lugar una ceremonia matrimonial entre la recurrente y otro varón en una sinagoga de Londres. Las relaciones entre ellos acaban pronto. Tras una demanda de la señora Cossey, una sentencia de la *High Court* declara el matrimonio nulo por entender que las partes no eran de sexo opuesto.

Cossey recurre de nuevo a la Comisión y ésta entiende que, en la actuación de la judicatura británica, hay violación del artículo 8 de la Convención de Roma, pero no del artículo 12. Sin embargo, el Tribunal de Derechos Humanos en la sentencia referida declara por diez votos contra ocho que no hay violacion del artículo 8; y por catorce contra cuatro que no hay violacion del 12[286]. Las razones que el Tribunal alega para entender que en la actuación de la judicatura británica no se ha producido violación del artículo 12 son, en síntesis, las siguientes: 1) El derecho al matrimonio garantizado por el artículo 12 se refiere al matrimonio tradicional entre dos personas de sexo biológico opuesto. El texto de ese artículo así lo confirma, «en la medida en que el fin perseguido es la protección del matrimonio en cuanto fundamento de la familia». 2) El impedimento legal de celebración de matrimonio entre personas del mismo sexo biológico que existe en el Reino

[285] *Cossey v. United Kingdom*, sentencia del Tribunal Europeo de Derechos Humanos de 27 de septiembre de 1990. Utilizo el texto reproducido en *Persona y Derecho*, 2 (1992), pp. 409-447.

[286] Los textos de ambos artículos son los siguientes: Artículo 8: «1. Toda persona tiene derecho al respeto de su vida privada y familiar, de su domicilio y de su correspondencia. 2. No podrá haber injerencia de la autoridad pública en el ejercicio de este derecho sino en tanto esta injerencia esté prevista por la Ley y constituya una medida que, en una sociedad democrática, sea necesaria para la seguridad nacional, la seguridad pública, el bienestar económico del país, la defensa del orden y la prevención del delito, la protección de la salud o de la moral, o la protección de los derechos y las libertades de los demás.» Artículo 12: «A partir de la edad núbil, el hombre y la mujer tienen derecho a casarse y fundar una familia según las leyes nacionales que rijan el ejercicio de este derecho.»

Unido no puede considerarse una limitación que menoscabe la esencia del *ius connubii*. 3) La evolución acaecida hasta el momento en las legislaciones y la opinión pública de la mayoría de los Estados miembros, «no evidencia un abandono general del concepto tradicional de matrimonio». Por eso mismo, «el mantenimiento de este concepto es razón suficiente para continuar aplicando el criterio biológico en orden a la determinación del sexo de una persona a efectos matrimoniales» (n. 46).

A su vez, el Tribunal estima que no hay violación del artículo 8 porque aunque ya en la sentencia *Rees* subrayó la necesidad de revisión de las medidas jurídicas apropiadas para los transexuales, en atención, entre otras circunstancias, a la evolución de la ciencia y de la sociedad, el Tribunal no entiende que se haya producido progreso científico alguno en este intervalo; en particular, que una operación quirúrgica de conversión sexual no conlleva la plena adquisición de todos los caracteres biológicos del sexo opuesto (n. 40). A partir de 1986 —continúa la sentencia— ha existido cierta evolución en el Derecho de algunos miembros de los Estados del Consejo de Europa en la materia en conflicto. Sin embargo, siempre según el Tribunal, los informes adjuntos a la resolución adoptada por el Parlamento europeo el 12 de septiembre de 1989 y la recomendación 1.117 (1989) de la Asamblea Consultiva del Consejo de Europa de 29 de septiembre de 1989 —en las que se trata de hacer frente a la armonización de los derechos y prácticas en esta materia— «revelan la misma diversidad que en la época de la sentencia *Rees*. Por tanto, dada la poca convergencia que existe en este campo entre los Estados contratantes, éstos gozan, al respecto, de un amplio margen de apreciación» (n. 40).

Incluso para los magistrados que suscribieron votos particulares en contra del criterio sentado en *Cossey* sobre prohibición al matrimonio de los transexuales, la distinción de sexos se entiende como elemento determinante del matrimonio. Así, por ejemplo, para el juez MARTENS el artículo 12 del Convenio «indica claramente que el matrimonio es la unión de dos personas de sexo opuesto», aunque luego estime que «sexo en este contexto no implica que deba ser entendido siempre como sexo biológico» [287].

En todo caso, conviene reparar que la nítida toma de posición del Tribunal de Estrasburgo lo es en casos de transexualismo, cuya prohibición al matrimonio sería más discutible que la establecida para los casos de homosexualidad *tout court*. Realmente puede decirse que,

---

[287] Voto particular disidente del juez MARTENS, *loc. cit.*, p. 439.

salvo en el ámbito jurídico noruego y danés, la posición unánime de la jurisprudencia continental europea y la del área del *common law* es la contenida en esta ya clásica afirmación del juez ORMROD en *Corbett v. Corbett*[288]: «siempre se ha reconocido el matrimonio como la unión de un hombre y una mujer».

Basten los ejemplos del Derecho francés y el Derecho estadounidense. La jurisprudencia francesa ha hecho una clara distinción entre el concubinato heterosexual y el homosexual. Y así como a la primera figura comienza a concederle efectos definidos, a la segunda la excluye con el razonamiento de que el concubinato —entendido como «vida común entre dos personas que han decidido vivir como esposos sin unirse en matrimonio»— «no puede concernir más que a una pareja constituida por hombre y mujer»[289]. De este modo, y por ejemplo, se ha denegado la pretensión de un auxiliar de vuelo de Air France de que su compañero sentimental pudiera beneficiarse de la tarifa reducida reservada para «el esposo no separado o divorciado y al compañero que vive en unión libre» con el personal de esa compañía aérea.

En el Derecho norteamericano es interesante el criterio sentado por el Tribunal Supremo federal en el caso de *Bowers v. Hardwick,* en el cual fue acusado un individuo de violar una Ley del Estado de Georgia que penaliza la sodomía, al cometer este acto con otro hombre adulto en su dormitorio. El recurrente cuestionó la Ley de Georgia, por cuanto mantenía que violaba sus derechos fundamentales ya que su actividad homosexual quedaba protegida por la decisiones del propio Tribunal Supremo en *Griswold v. Connecticut, Eisenstadt v. Baird* y *Roe v. Wade.* No obstante, el Tribunal Supremo no hizo propia esa interpretación. Declaró que «ninguno de los derechos protegidos en esos casos tiene semejanza alguna con el supuesto derecho constitucional de los homosexuales de practicar la sodomía como se declara en este supuesto». Concluyendo que «no se ha demostrado ninguna conexión entre la familia, el matrimonio y la procreación, por un lado, y la actividad homosexual por el otro». Igualmente rechazó la alegación del recurrente de que Georgia «mantenía la prohibición de la sodomía homosexual sobre la base de que se trata de un acto inmoral, y de que ello no es base suficiente o razonable para mantener una ley crimi-

---

[288] *Corbett v. Corbett,* cit.

[289] Cfr. tres sentencias de fecha 11 de julio de 1989 de la Corte de casación francesa (sección de lo civil) en *Bull. civ.,* I, n.os 514 y 515; *Gaz. Pal.,* 14 de abril de 1990; *Rev. trim. dr. civ.,* 1990, p. 53. También las apreciaciones de J. RUBELLIN-DEVICHI, «France 1989: l'enfant d'abord», en el vol. *Regards sur le droit de la famille dans le monde,* Paris, 1991, pp. 149 ss.

nal». El Tribunal Supremo afirmó frente a esta alegación que constantemente las leyes se basan en la noción de moralidad, «y si hemos de invalidar todas las leyes que representan opciones esencialmente morales [...], entonces los tribunales se convertirían en lugares extraordinariamente concurridos» [290].

Esta mayoritaria orientación se confirma también en el Derecho español en cuyo ámbito el Tribunal Supremo ha establecido que el transexual no adquiere un *ius nubendi* con persona del mismo sexo biológico [291]; la Dirección General de los Registros y del Notariado ha rechazado que se autorice el matrimonio entre personas del mismo sexo [292]; y el Tribunal Superior de Justicia de Madrid ha confirmado la denegación de la pensión de viudedad a un homosexual que convivió con un travestido, al considerar que su relación no es equiparable a la matrimonial, «aunque uno de ellos se vista de mujer». El TSM concluye que para tener derecho a la pensión «se precisa un estado matrimonial previo, con el que no guarda similitud la convivencia de dos homosexuales». En fin, siempre para el TSM, la prohibición legal de que dos homosexuales se puedan

---

[290] Un análisis más extenso de las sentencias citadas en el texto, vid. en C. A. ANDERSON, *Tendencias fundamentales de la política familiar en los Estados Unidos,* cit., p. 5.

[291] Por ejemplo, la sentencia de 19 de abril de 1991 (RJA 2725) establece: «[...] el libre desarrollo de la personalidad del transexual tiene el límite de no poder, al no ser ello posible, contraer matrimonio [...], ya que tales matrimonios serían nulos por inexistencia, como se deduce de los artículos 44 y 73, n.º 4, del CC y 32.1 de la Constitución». Sobre este punto, G. GARCÍA CANTERO, «Espagne: le changement de sexe davant les tribunaux», en vol. cit., *Regards sur le droit de la famille dans le monde,* pp. 133 ss.

[292] En la Resolución de 21 de enero de 1988 se hacen las siguientes afirmaciones básicas: «No hace falta resaltar que el matrimonio ha sido siempre entendido como una institución en la que la diferenciación de sexos es esencial. En efecto, el hecho de que la Constitución proclame que "el hombre y la mujer tienen derecho a contraer matrimonio con plena igualdad jurídica" no autoriza a concluir que, al haberse omitido por cualesquiera razones la expresión "entre sí", la Constitución permita el matrimonio entre personas del mismo sexo.» «El Código Civil, como no podía ser de otro modo, sigue el mismo criterio [...]. Pero es que además, si llegara a contraerse un matrimonio entre personas del mismo sexo, el mismo sería, sin duda, nulo por aplicación del artículo 73.1.º, en relación con el 45.1 [...].» «Es inoportuna la cita del artículo 14 de la Constitución en cuanto prohíbe cualquier discriminación por razón de sexo. Cada uno de los recurrentes tiene el *ius nubendi* si desea casarse con una mujer, y la diferencia de tratamiento entre la unión heterosexual y la homosexual obedece a motivos objetivos, razonables y fundados» (RJA, 1988, pp. 224-225). La de 2 de octubre de 1991 (RJA, 1991, n. 8611) reitera: «No debe olvidarse que los derechos fundamentales y las libertades consagradas por la Constitución deben ser interpretadas (cfr. art. 10.2 CE) de acuerdo con los tratados internacionales suscritos por España. Pero éstos, al garantizar el derecho a casarse, se refieren exclusivamente al matrimonio tradicional entre personas de distinto sexo biológico [...]. Por esto el ordenamiento jurídico español, aunque negase definitivamente el *ius nubendi* al transexual, no vulneraría el Convenio de Roma.»

casar no supone una discriminación ni una violación del principio de igualdad ante la ley, «ya que el matrimonio es una institución limitada al hombre y la mujer» [293]. En fin, la doctrina es prácticamente concorde en afirmar —siguiendo en esto a la Dirección General de los Registros y del Notariado [294] — que del artículo 32.1.*b)* de la Constitución se deduce el principio de heterosexualidad. Añadiéndose que es significativo que en el Capítulo II del Titulo I de la propia Constitución dedicado a los derechos y libertades fundamentales, solamente el artículo 32 se preocupa de precisar que «el hombre y la mujer» son los titulares del *ius connubii* o *ius nubendi*, mientras que en todos los demás casos se utilizan formas impersonales «los españoles», «todos», «toda persona», «se garantiza», «se reconoce», «tienen derechos», sin estimarse necesario referir el derecho al sexo concreto de la persona. Por tanto, para nuestra Constitución, «el sujeto de la relación jurídica matrimonial no es la persona humana considerada sólo en su constitutivo último, en el plano en el que todo individuo es persona (plano de igualdad), sino que es la persona humana contemplada en el plano de la distinción sexual, en cuanto modalizada por la virilidad y la feminidad» [295].

4.6. Una legislación equívoca

Esta reticencia de fondo se observa incluso en las dos legislaciones que han equiparado los efectos jurídicos de las uniones homosexuales

[293] Sentencia de 25 de febrero de 1993. Utilizo el texto original de la misma, aún no publicada oficialmente cuando redacto este trabajo. En ella se añade que «de esta imposibilidad jurídica de contraer matrimonio [entre dos personas del mismo sexo] no deriva discriminación alguna, porque en el artículo 160 de la Ley General de la Seguridad Social sólo se reconoce la pensión de viudedad al cónyuge superviviente [...]».

[294] Cfr. Fundamento de Derecho Segundo de la citada resolución de la DGRN de 21 de enero de 1988.

[295] J. Escrivá-Ivars, «Transexualismo y matrimonio», *Persona y Derecho*, 2 (1992), pp. 335-336; A. Villagómez Rodil, *Aportación al estudio de la transexualidad*, Madrid, 1994; D. Llamazares, *Derecho Eclesiástico del Estado*, Madrid, 1989, pp. 594-595. No obstante lo dicho en el texto, algún grupo social ha planteado la conveniencia de una legislación sobre las parejas homosexuales. Así, la Federación de Gays y Lesbianas de España ha presentado a la atención de los grupos parlamentarios un Proyecto de Ley para la Regulación de las Parejas de Hecho. En dicho Proyecto, prácticamente se equiparan al matrimonio «las uniones de hecho entre dos personas, independientemente de su sexo, mayores de edad y sin vínculo matrimonial subsistente, ligadas por una comunidad de vida estable y duradera, al menos durante un año» (art. 2.1 del citado Proyecto). Por otra parte, declaraciones de los Ministerios de Justicia y Asuntos Sociales del actual Gobierno español anuncian el envío a las Cortes de un proyecto de ley sobre uniones de hecho. No aparece claro en las declaraciones aludidas si el proyecto también abarcaría las uniones homosexuales.

y el matrimonio. Ya vimos que en Dinamarca la comisión previa jurídica de estudio votó mayoritariamente en contra de lo que posteriormente se aprobó por vía parlamentaria. Pero, bien miradas las cosas, incluso el articulado de la Ley danesa, y lo mismo puede decirse de la noruega, pues introduce idénticas excepciones, muestra la perplejidad del legislador ante la equiparación por él mismo establecida entre matrimonio heterosexual y matrimonio homosexual. Ambas leyes prohíben la adopción de niños por la pareja homosexual, así como la titularidad de un derecho de guarda conjunto, como vimos. De modo que la misma ley está ya reconociendo una imposibilidad de principio para la equiparación con el matrimonio: poner esta unión al servicio de la vida humana de acuerdo con el ritmo temporal de las generaciones[296].

Por otra parte, recuérdese que la Ley danesa excluye a la unión de homosexuales de la libertad de elección, vigente en Dinamarca para el matrimonio, entre la celebración de una ceremonia religiosa o civil. En todo caso, ha de celebrarse civilmente. Y en el proceso de divorcio previsto para las parejas homosexuales, a diferencia de la posibilidad abierta en los procesos de divorcio matrimoniales, expresamente se prohíbe la «mediación de un clérigo para lograr la reconciliación de la pareja en crisis», como ya anteriormente tuve ocasión de poner de manifiesto.

Así pues, la propia ley reconoce una especie de cláusula de conciencia en favor de los pastores luteranos (o ministros de otros cultos) para no intervenir ni en la fase de constitución ni en la de extinción de una unión sobre la que el legislador es consciente de existencia de censura de conciencia de parte del pueblo danés frente a su legalización. Repárese, en fin, que ambas leyes introducen llamativas restricciones al régimen que sería de aplicación en el campo del Derecho internacional privado, en el bien entendido de la escasa eficacia que dichas uniones producirían en supuestos de conflicto ante tribunales extranjeros. En verdad, si con las uniones de hecho heterosexuales se penetra en el dominio de la *terra incognita* del Derecho internacional[297], ya que sólo muy recientemente comienza a desarrollarse un «estatuto de la unión libre», los problemas se multiplican en el campo de las uniones homosexuales.

Así parece haberlo entendido la legislatura de la provincia de Ontario (Canadá), que acaba de rechazar un proyecto de ley que pretendía equiparar a parejas homosexuales con parejas heterosexuales que vi-

[296] Sobre este extremo, vid. F. D'AGOSTINO, *Elementos para una filosofía de la familia*, cit., p. 135.

[297] La expresión es de BOULANGER, *op. cit.*, p. 372.

ven en «concubinato legal». En ese proyecto de ley se intentaba redefinir el concepto de familia en la legislación y la Declaración de Derechos provinciales, para incluir en él la unión de personas del mismo sexo. Se postulaba la equiparación de derechos e idénticos beneficios en jubilaciones, sucesiones, alquiler de viviendas, accidentes laborales, etc. entre parejas homosexuales y heretosexuales, incluida la posibilidad de adopción. De este modo, la noción de *marital status* se aplicaba también a estas uniones, entendiendo por esposo/a (*conjoint, spouse*): «la persona con la cual una persona está casada o la persona de uno u otro sexo con la cual ella vive en una unión conyugal fuera del matrimonio» [298].

En realidad, el «matrimonio homosexual» y, en especial, la aludida recomendación del Parlamento europeo introducen en el panorama jurídico matrimonial un equívoco proceso desjuridificador bajo apariencia de hiperjuridificación. Es decir, la transformación de las relaciones familiares en simples relaciones socioasistenciales o sexuales [299]. En este proceso de mimetización respecto al matrimonio [300], se olvida que tanto la naturaleza como el Derecho tienen sus propias reglas de juego. La ficción de que una pareja homosexual constituye un matrimonio es tan contradictorio como pretender que forman un *holding*, un *leasing* o una fundación. Son instituciones jurídicas que se mueven en otra órbita. El modelo matrimonial de Occidente no pretende la protección de simples relaciones asistenciales, amicales o sexuales; lo que pretende es, además, un estilo de vida que asegura la es-

---

298 «*Spouse:* means the person to whom a person is married or a person of either sex with whom the person is living in a conjugal relationship outside marriage.» El proyecto de ley (*Bill 167, An Act to amend Ontario Statutes to provide for the equal treatment of persons in spousal relationships*) fue rechazado por 68 votos contra 59 el 9 de junio de 1994: Cfr. *Legislative Assembly of Ontario,* 9 june 1994, p. 6810. Agradezco al profesor Ernest Caparrós, de la Universidad de Ottawa, su amabilidad al hacerme llegar los textos del proyecto de ley y las discusiones en la Asamblea Legislativa de Ontario. Es también sintomático la modificación introducida por la Conferencia de El Cairo sobre Población y Desarrollo en el capítulo V del Documento básico aprobado antes en Nueva York. En éste se aludía, al hablar de la familia, a «otro tipo de uniones». En la redacción final esta mención se ha eliminado, a propuesta de países musulmanes, para evitar que se entendiera como una equiparación entre la familia fundada en el matrimonio y las uniones homosexuales. Cfr. *International Conference on Population and Development. Concludes in Cairo. Plenary. Final Meeting and Round-up of Session, 14 sep. 1994, UN Information Office.*

299 Cfr. D'AGOSTINO, *op. cit.*, p. 132.

300 Que, en ocasiones, resulta patético. Por ejemplo, cuando desean los convivientes tener una prole «común»: ellas haciéndose inseminar con esperma de tercero; ellos donando el suyo a madres de alquiler.

tabilidad social y el recambio y educación de las generaciones[301]. De ahí que, si dos homosexuales desean cautelarse en sus relaciones, no sea camino correcto el equipararlas al matrimonio, sino recurrir a otras vías; por ejemplo, diseñar una convención privada en la que se prevea el funcionamiento material de la unión y las reglas económicas en caso de ruptura; recurrir a la figura de la sociedad de hecho o, en caso de indefensión, al enriquecimiento sin causa: el camino que, en algunas ocasiones, han seguido los notarios holandeses o franceses.

Pero la regulación legal de la unión de hecho homosexual —en mayor grado que para la heterosexual— es no sólo potencialmente desestabilizadora de la noción de matrimonio, sino también de dudosa utilidad para las propias uniones de hecho. Para estas segundas, porque la concesión de efectos jurídicos a través de la vía legislativa inmediatamente hará gravitar sobre *todas* las uniones de hecho entre homosexuales, inscritas o no, la sombra amenazante de la analogía entre no inscritas e inscritas. Es decir, esa regulación dificultará precisamente la posibilidad de una relación sin lazos jurídicos. En otras palabras, sobre lo que en la terminología vulgar se conoce por «amor libre» se cernerá la conminación de su mutación en lo que antes hemos denominado un minimatrimonio forzado. De modo que no podrá sorprender lo que hoy sería paradójico: que si dos homosexuales desean una verdadera unión «libre», sin consecuencias jurídicas, deberán tomar la cautela de especificarlo por escrito. De otro modo, podrá sucederles lo que a la tenista Billie Jean King, que tuvo que hacer frente a una demanda de su secretaria y amante Marilyn Barnet, que le exigió una fuerte cantidad económica y su casa de Malibú cuando rompieron su relación. Como por entonces hizo notar M. SOTTER, antiguo presidente de la sección de familia de la *American Bar Association,* sobre la demandada, que siempre deseó mantener la homosexualidad en el marco de su intimidad, se ejerció un claro chantaje[302].

Por lo demás, no parece que las actuales prohibiciones de contraer matrimonio a los homosexuales estrictamente impliquen discriminación o negación de derechos a una minoría. En realidad no existe nin-

[301] Como hace años observaba G. K. CHESTERTON, *El amor o la fuerza del sino,* selección de A. DE SILVA, Madrid, 1993, p. 283: «El sexo es un instinto que produce una institución; y es positivo y no negativo [...]. Esa institución es la familia: un pequeño estado o comunidad que, una vez iniciada, tiene cientos de aspectos que no son de ninguna manera sexuales. Incluye adoración, justicia, festividad, instrucción, camaradería, descanso. El sexo es la puerta de esa casa [...]. Pero la casa es mucho más grande que la puerta [...]. Cuando las relaciones sexuales se usan para crear relaciones no sexuales, uno se queda asombrado ante el poder expansivo del sexo.»

[302] Cfr. H. D. KRAUSE, *Les concubinages aux États-Unis d'Amerique,* cit., p. 146.

guna referencia a la homosexualidad ni en la Convención de Roma de 1950, ni en la Declaración Universal de los Derechos del Hombre (1948) ni en los dos pactos internacionales relativos a los derechos humanos (ONU, 1966), ni tampoco en aquellos de alcance regional como la Convención americana de los derechos del hombre (OEA, 1969) o en la Carta africana de los derechos del hombre y de los pueblos (OUA, 1981). E incluso aunque el elenco de los derechos del hombre se ha ido ampliando con el paso del tiempo en la Convención europea (la última adición se produjo el 19 de marzo de 1985), ninguno concerniente a la homosexualidad como tal ha sido adoptado. Como se ha observado[303], los homosexuales no constituyen estrictamente una minoría en el sentido jurídico de la palabra (al menos, con la intencionalidad en que las minorías aparecen reseñadas en las declaraciones internacionales) y que exija unos mecanismos especiales de protección, distintos de los proporcionados por el Derecho común. Efectivamente, no lo son en el sentido del artículo 27 del Pacto internacional relativo a los derechos civiles y políticos de la ONU («minorías étnicas, religiosas o lingüísticas»). Tampoco se incluyen, por ahora, en los motivos de discriminación prohibidos en el artículo 14 de la Convención de Roma[304].

5. EL PROCESO SECULARIZADOR DEL MATRIMONIO

5.1. Dos interpretaciones de la secularización

Anteriormente se hizo notar que la visión cristiana del matrimonio era primordialmente antropológica más que teológica. Esto no quiere decir que no sea también una realidad sagrada, precisamente en la medida en que es una *communio personarum*[305]. No debe olvidarse

[303] Marie, *L'homosexualité et la Convention européenne des droits de l'homme*, cit., p. 78.

[304] Para ello habría que introducir como nuevo motivo de discriminación «la orientación o preferencia sexual». Por ahora tal adición no se ha realizado a nivel de declaraciones internacionales. Solamente lo ha sido en el plano local: Carta de los derechos de la persona de Quebec y Ley holandesa de 7 de mayo de 1980, que prohíben toda discriminación fundada sobre «la inclinación sexual».

[305] Esta conceptuación queda reflejada en estas palabras de Juan Pablo II: «Dios quiere que la humanidad viva en armonía y paz, cuyo fundamento está en la naturaleza misma del ser humano, creado "a su imagen". Esta imagen divina se realiza no solamente en el individuo, sino también en aquella *singular comunión de personas* que se establece entre un hombre y una mujer, unidos hasta al punto en el amor, que vienen a ser "una sola carne" (*Gén* 2, 24). En efecto está escrito: "A imagen de Dios le creó, varón y mujer los creó" (*ibíd.* 1, 27). A esta específica comunidad de personas, el Señor ha

que la noción de persona, en la concepción cristiana, traspasa los límites de lo meramente terreno. Como persona, es imagen de su Creador, y corresponde a su estructura intrínseca de ser humano comprometerse y vivir en relación. En este contexto, el matrimonio, probablemente el vínculo relacional más rico en efectos jurídicos, tiene una profunda dimensión espiritual, pues «significa la traducción del gran mandamiento cristiano referente al amor ("con todo tu corazón, con toda tu alma, con toda tu mente y con todas tus fuerzas") a un tamaño apto para los seres humanos» [306]. En el caso de matrimonio entre bautizados constituye, además, un sacramento; tal vez el menos «espiritual» de los sacramentos, pero de un gran alcance en su simbolismo: la unión de Cristo y su Iglesia [307].

Desde este planteamiento, veamos cuáles son las pautas del proceso secularizador que afecta a la institución matrimonial. Ante todo digamos que la palabra *secularización* es uno de aquellos términos en los que se manifiesta lo que parece ser el destino de las «grandes palabras»: su progresiva dispersión en sentidos diversos, de modo que, al final, detractores y epígonos no saben exactamente a qué se están refiriendo en sus dicterios o loas [308]. Por eso tal vez convenga, antes que nada, precisar el sentido en que aquí vamos a utilizarla en su referencia al matrimonio.

En sí misma, *secularización* no implica, en principio, negación de la dimensión religiosa de una realidad: supone, tan sólo, una distinción de campos entre trascendencia e historia, Estado e Iglesia, realidad profana y realidad sacral. Es decir, la separación entre teología moral y filosofía, política o ciencia [309]. En este sentido el cristianismo supuso una positiva secularización tanto del Derecho público, en lo

---

confiado la misión de dar la vida y cuidarla, formando una familia y contribuyendo así de modo decisivo a la tarea de administrar la creación y de proveer al futuro mismo de la humanidad. La armonía inicial fue rota por el pecado, pero el plan *original de Dios continúa vigente.* La familia sigue siendo, por ello, el verdadero fundamento de la sociedad y constituye —como se afirma en la Declaración Universal del Hombre— "el núcleo natural y fundamental"» (*Mensaje con motivo de la jornada mundial de la paz,* 8 de diciembre de 1993, *DP,* 163/93).

[306] I. F. GÖRRES, *Zwischen den Zeiten,* Freiburg, 1960, p. 413.

[307] Cfr. canon 1.055 CIC; *Gaudium et spes,* n. 48. Vid. sobre este punto las observaciones de J. M. IGLESIAS ALTUNA, *Procesos matrimoniales canónicos,* Madrid, 1991, pp. 78 ss.

[308] He aplicado esta argumentación a otro término de amplio respiro: el de laicidad. Cfr. R. NAVARRO-VALLS, «Los Estados frente a la iglesia», *Anuario de Derecho Eclesiástico del Estado,* 1993, p. 29.

[309] Cfr. A. CATTANEO, «Cristianesimo e pensiero giuridico liberale», en *Cristianesimo, secolarizzazione e diritto moderno,* 11/12, Baden-Baden/Milano, 1981, p. 1120.

que implicó de distinción de campos, como del Derecho privado en la medida en que, en lo aquí y ahora concierne, disoció el matrimonio antiguo, por ejemplo, de la perpetuación de los cultos paganos a los antepasados.

Ahora bien, esa secularización poco tiene que ver con esa otra operada por la fuerza conjunta y progresiva del renacimiento, la reforma protestante y el racionalismo individualista occidental, que culmina en el siglo de las luces. En esta última conceptuación, que es la que aquí aludo, la secularización contrasta con la visión cristiana del hombre que si efectivamente es un valor, lo es también en cuanto proyectado en la dimensión sobrenatural a la que inevitablemente está abocado; la secularización, al contrario, absolutiza este valor humano, que es el único y supremo entre todos, desligándolo de cualquier referencia transtemporal o transpersonal[310].

De ahí que coincida con D´AGOSTINO cuando hace notar que la misión del verdadero jurista ante el matrimonio y la familia es mantener viva la conciencia de que una referencia ontológica necesariamente debe subyacer en la actividad político-jurídica del legislador. En el bien entendido de que lo suyo no es teologizar el saber y actuar jurídicos, cuanto fijarse en la legítima dimensión «secular» que está presente en todo fenómeno jurídico. El problema es cuando no sabe fundamentar esa dimensión, relativizándola y no enraizándola en bases objetivas[311].

5.2. SECULARIZACIÓN FORMAL Y SECULARIZACIÓN SUSTANCIAL DEL MATRIMONIO

Aunque pueda parecer contradictorio, esto acaece tanto en la excesiva juridificación como en la desjuridificación desmedida. Efectivamente, el momento más clásico de la secularización del Derecho ha sido siempre cuando éste ha querido ser reducido a pura lógica formal, a un sistema cerrado y clausurado en sí mismo sin conexión con instancias axiológicas externas. Lo cual sucedió especialmente, y todavía somos tributarios de ese momento histórico, cuando KANT separó el Derecho no sólo de la religión, sino también de la ética material

[310] Es la diferencia que captó FURGIEULE («Cristianesimo e secolarizzazione nell'odierna vicenda del diritto di famiglia in Italia», en *Cristianesimo...*, cit., p. 1168) entre la noción de persona en el humanismo cristiano y la de hombre en el humanismo secularista.

[311] F. D'AGOSTINO, *Elementos para una filosofía de la familia*, cit., p. 85.

como sistema de valoración objetiva en base a fines y valores [312]. Es decir, cuando se intentó el imposible objetivo de reducir la historia a las razones de la lógica, convirtiendo así el formalismo en el máximo instrumento de la secularización.

Suele ser entonces cuando el Derecho tiende a convertirse en una especie de «religión civil», impulsando con su carácter cuasi-sagrado el cambio social desde el cambio legal. Lo cual no es infrecuente que lo haga a través de lo que se ha llamado el «prejuicio desconfesionalizador» o postura de táctica política «que pretende sistemáticamente implantar soluciones legislativas contrarias u opuestas a las dictadas por los ordenamientos confesionales —en especial, por el Derecho canónico— sin más razón aparente que la de no coincidir nunca con ellos, olvidando en todo caso que soluciones técnicas aportadas por el Derecho canónico pueden [...] ser idóneas para la cobertura jurídica de problemas sociales en cuanto basadas en la razón natural» [313].

Al tiempo, de ahí la paradoja antes aludida, insistentemente viene señalándose que también es la desjuridificación «uno de los signos más claros de la secularización» [314], precisamente porque, como apuntamos al analizar el problema de la privatización y la desistitucionalización, el abandono de enteras parcelas jurídicas al azar sociológico y al dictado tecnológico, propicia una desjuridificación esencial en el matrimonio y en la familia, con el consiguiente abandono de las pautas transpersonales.

Así las cosas, dos tipos de secularización son detectables ante al matrimonio. La que podría calificarse de secularización *formal* y la de contenidos o *sustancial*. La primera, hoy en retroceso [315], sería la orien-

[312] Un buen análisis en L. MENGONI y C. CASTRONOVO, en *Cristianesimo...*, cit., p. 1192.

[313] A. BERNÁRDEZ, «Elementos definidores del matrimonio implícitos en las causas de nulidad y separación», en *Libertades fundamentales y sistema matrimonial*, cit., pp. 6-7.

[314] FURGIUELE, *op. cit.*, p. 1141.

[315] Efectivamente, esa tendencia está muy atenuada en el Derecho comparado, donde se observa hoy un claro retroceso del sistema de matrimonio civil obligatorio. Sucede esto en dos frentes. El que supone en determinadas áreas jurídicas el tránsito de un sistema de matrimonio civil obligatorio a otro facultativo. Tal es el caso de Polonia (ejemplo que parece puede cundir en los países del Este de Europa), cuyo concordato firmado en julio de 1993 (art. 10.1), aunque aún no ratificado por la Dieta polaca, reconoce efectos civiles al matrimonio canónico, volviendo a recobrar una vieja tradición histórica de este país. El segundo frente, el que supone la progresiva concesión jurisprudencial de mayores efectos a los matrimonios religiosos en algunos sistemas que continúan imponiendo el matrimonio civil obligatorio. Así ocurre en Francia, que es el baluarte más firme del sistema de matrimonio civil obligatorio (cfr. A. PANIZO ROMO DE ARCE, «Los efectos del matrimonio canónico en el sistema francés de matrimonio civil obligatorio», *Ius Canonicum*, 1985, pp. 725 ss.; L. GOVERNATORI RENZONI, «Matrimonio

tada a mantener a los matrimonios confesionales extramuros de los ordenamientos civiles, es decir, a despojarlos de cualesquiera efectos civiles, erigiendo en único protagonista de la escena matrimonial al matrimonio civil. La segunda, hoy en *crescendo,* implica el progresivo vaciamiento del matrimonio civil de ciertas notas o características que de un modo u otro lo mantenían en conexión con un mundo de valores objetivos, las más de las veces propios de la tradición judeo-cristiana. Vaciamiento que no queda confinado en su exclusiva esfera, sino que tiende a expandirse, produciendo una cierta contaminación del conjunto del *hábitat* matrimonial, incluido el de los modelos matrimoniales confesionales[316].

religioso e matrimonio civile nell'esperienza separatista francese», *Iustitia,* 1975, pp. 511 ss.). Sin olvidar que sistemas jurídicos de Occidente, que hasta hace poco otorgaban solamente eficacia civil a una clase de matrimonio religioso (el canónico), amplían su oferta a otras modalidades matrimoniales confesionales. Así ha sucedido en España, que desde finales de 1992, cuando el Estado firma con determinadas federaciones y comunidades religiosas acuerdos de colaboración, ha concedido efectos civiles también a los matrimonios celebrados según los ritos judío, islámico y evangélico. Sobre este punto, R. NAVARRO-VALLS, «L'efficacité civile du mariage religieux dans le droit espagnol», en el vol. *Marriage and Religion in Europe,* Milan, 1993, pp. 49 ss.; D. GARCÍA HERVÁS, «Contribución al estudio del matrimonio religioso en España, según los Acuerdos con la FEREDE y con la FCI», *Anuario Derecho Eclesiástico del Estado,* VII (1991), pp. 589 ss.; A. FERNÁNDEZ-CORONADO, «Los Acuerdos del Estado español con la FEREDE y la FCI», misma revista, pp. 541 ss. Por lo demás, incluso legislaciones civiles reticentes con la incorporación de aspectos sustantivos de los matrimonios religiosos al ordenamiento civil comienzan a incorporar algunos de ellos al Drecho civil a través de reconocimientos jurisprudenciales sectoriales. Un ejemplo es la concesión de efectos civiles a determinados aspectos del repudio confesional judío (*ghet/gueth*), sobre el que comienza a haber una cada vez más abundante jurisprudencia italiana (cfr. G. SACERDOTI, «Il divorzio Ebraico-Israeliano di fronte ai giudici italiani», *Quaderni di Diritto e Politica Ecclesiastica,* 1991-1992, pp. 433 ss.), francesa (BOULANGER, *op. cit.,* pp. 193-195; P. BARBIER, «Le problème du "ghueth"», *Gazette du Palais,* 1987, pp. 484-487; N. GUIMEZANES, «Le marriage religieux et son efficacité civile en France», en AAVV, *Mariage and Religion in Europe,* Milan, 1993, pp. 163-165) y norteamericana (cfr. S. SHULMAN, «Civil involvement in Jewish divorce Law», *Annual Survey of American Law,* 1984, pp. 969 ss. La última sentencia que, sobre este extremo, conozco en el Derecho norteamericano es del año 1993: *Kovacs v. Kovacs,* 98 Md. App. 289; 633 A. 2d 425 (1993).

316 Sobre este punto, y al preguntarse por el interés del canonista sobre el matrimonio civil, O. GIACCHI, (Riforma del matrimonio civile..., cit., pp. 21-23) contestaba que fundamentalmente era debida a dos razones. La primera, porque el matrimonio civil es una traducción laica del matrimonio canónico. La segunda, porque los efectos civiles reconocidos al matrimonio canónico en los sistemas concordados son, básicamente, los del matrimonio civil; alterando este último indirectamente se altera también el canónico.

Por lo demás, conviene advertir que la mencionada secularización no es la causa principal de la alteración de conductas o modelos sociales en el campo de la sexualidad, la fidelidad conyugal o la estabilidad matrimonial. Es más bien un efecto; aunque un efecto que, a su vez, contribuye a la difusión de las causas de fondo.

5. 3. ALGUNAS MANIFESTACIONES

Entre las consecuencias más llamativas de este segundo aspecto del proceso secularizador del matrimonio, cabe destacar, entre otros, dos fenómenos de especial intensidad. El primero, de raíces lejanas en el tiempo; el segundo, más cercano cronológicamente hablando. Me refiero, por un lado, a la desestabilización de la relación jurídico-matrimonial a través de una masiva erosión de la nota de indisolubilidad matrimonial o al menos de la tendencial estabilidad del vínculo, que con tanta insistencia recalcó el modelo primigenio; por otro, a la escisión sexualidad-matrimonio-procreación, con toda una serie de consecuencias, principal aunque no exclusivamente conexas con las relaciones paterno-filiales.

A la primera cuestión he tenido ocasión de referirme extensamente en otro trabajo[317], por eso no insistiré aquí sobre ella; salvo añadir, por la importancia del fenómeno, algunas observaciones en esta sede. Entre ellas, y como primera, que hoy por hoy las biografías demográficas diseñadas por la sociología matrimonial señalan la precariedad de las uniones matrimoniales, en especial en el norte y centro de Europa, así como en América del Norte[318]. Precariedad que llega a repercutir incluso en los matrimonios que perduran; en el sentido de que la frecuencia del divorcio hace que las uniones matrimoniales se perciban, no sólo por los cónyuges sino también por los hijos, como inestables, condicionales de algún modo.

Prescindiendo ahora de las causas éticas o sociales del fenómeno, desde el punto de vista jurídico a ello ha contribuido el tránsito de la noción de divorcio-sanción a la de divorcio-remedio y, de éste, al operado por mutuo consentimiento cuando no unilateralmente. En esta

---

[317] Cfr. R. NAVARRO-VALLS, «Divorcio y Derecho», en mis *Estudios de Derecho matrimonial,* cit., pp. 187 ss.

[318] «A comienzos de los años sesenta, en la mayor parte de los países europeos, las tasas de la divorcialidad eran generalmente inferiores a 10 por cada 100 matrimonios. Eran superiores a este nivel en los países del Norte, Dinamarca y Suecia (18 por 100) y en la zona Este (Rumania, Hungría, RDA, URSS). Al Sur el divorcio no era legal o era poco frecuente. A partir de esa fecha se han producido cambios importantes en las regiones Norte y Este. La tasa de 1965 se ha multiplicado en todas partes al menos por dos, pero algunas veces por cuatro (Reino Unido del 10 por 100 al 42 por 100 en 1989 y en los Países Bajos del 7 por 100 al 28 por 100). La evolución ha sido más del doble. Por último, en la zona meridional el divorcio se ha legalizado en todas partes (salvo en Malta), pero las tasas, de momento, siguen relativamente bajas. De este modo, un poco por doquier, salvo en el Sur de Europa, el divorcio ha dejado de ser, durante los últimos treinta años, un acontecimiento excepcional y a menudo criticado, para convertirse en una decisión normal para las parejas que perciben el fracaso de su unión.» ROUSSEL, *Fecundidad y familia,* cit., pp. 72-73.

conceptuación, es evidente que el orden jurídico ya no sostiene al matrimonio con la vacilante claridad con que lo hacía el divorcio-sanción; ya no se interesa por las causas que han llevado al fracaso matrimonial: simplemente lo constata. Términos como «quiebra de la unión», «vida en común insoportable», «cesación de hecho de toda comunidad», etc., indican que el matrimonio se conceptúa de modo muy parecido al romano: como una comunidad de hecho dependiente de un consentimiento continuado. En realidad, la noción de divorcio sin culpa ha cambiado de modo muy apreciable las expectativas de la pareja con respecto al potencial matrimonio. Como observa ANDERSON [319], un sistema de divorcio que depende de la voluntad de cualquiera de los cónyuges, hace algo más que proporcionar una salida rápida del matrimonio, también cambia las reglas para su entrada en él. Otorga una prima al compromiso del cónyuge con su propio individualismo, y al interés individual frente al interés de la familia. De modo que el nuevo marco legal apoya las tendencias que causan la ruptura del matrimonio, y no las tendencias que fomentan su unión. En definitiva, el marco legal de divorcio «sin culpa» está diciendo a los futuros cónyuges «que *inviertan* menos en la comunidad marital, por lo que no debe sorprender que cada vez esperen menos de ella» [320]. Así, el propio modelo matrimonial es alterado.

5.4. ESPECIAL ANÁLISIS DE LA ESCISIÓN ENTRE SEXUALIDAD, PROCREACIÓN Y MATRIMONIO

5.4.1. *Sexualidad y matrimonio en el Derecho canónico*

Centrémonos ahora en la segunda cuestión enunciada, es decir, la escisión sexualidad-procreación-matrimonio. El modelo matrimonial redescubierto por el cristianismo y progresivamente afianzado en Occidente y en extensas zonas de influencia europeo-americanas presupone, como es sabido, ideas muy definidas sobre la sexualidad humana y sus relaciones con la unión conyugal. Entre ellas, las siguientes. En primer lugar que las potencias sexuales están ordenadas a su uso dentro del marco de una unión legítima. Es decir, que sólo dentro del matrimonio es posible conciliar algo aparentemente inconciliable: por

---

[319] *Op. cit.*, p. 18.
[320] Ibídem.

un lado, la delicada función de perpetuar la raza humana (que en sí mismo exige un marco ordenado de vida) y, por otro, que tal función esté confiada al sexo, que en sí mismo implica una potencia aparentemente caótica. En el matrimonio se produce esa conciliación: el sexo no pierde nada de su fuerza y, al tiempo, se pone al servicio de la vida [321].

La segunda proposición parte del aserto de que la potencia sexual en sí misma está orientada a la generación, por más que de la realización del acto conyugal no siempre se siga ésta. Puede también servir a otros fines (expresar o intensificar la unión entre dos personas, el propio placer, etc.), pero siempre que éstos no descarten su función directa. Lo cual significa que el acto sexual ha de quedar abierto a su función procreadora. Por decirlo de modo gráfico y autorizado: «Las dos dimensiones de la unión conyugal, la unitiva y la procreativa, no pueden separarse artificialmente sin alterar la verdad íntima del mismo acto conyugal» [322]. Principio válido tanto para el acto conyugal que, a través del uso de la contraconcepción, se realiza privado de su significado procreativo, como en el inverso supuesto de acto procreativo llevado a cabo fuera de la relación conyugal [323].

Esta visión de las relaciones sexualidad-matrimonio no ha sido pacífica a lo largo de la historia; unas veces ha sido hostilizada desde presupuestos ideológicos divergentes de la moral cristiana y, otras, desde actuaciones individuales no tanto estrictamente contrarias en sus planteamientos de fondo cuanto indiferentes a ellos. Sin embargo,

---

[321] Cfr. F. J. SHEED, *Sociedad y sensatez,* 2.ª ed., Barcelona, 1976, p. 105.

[322] Cfr. PABLO VI, *Cart. enc. Humanae vitae,* AAS 60 (1968), 488-489; *Catecismo de la Iglesia Católica,* n. 2366; *Carta a las familias del Papa Juan Pablo II,* Librería Editrice Vaticana, 1994, n. 12. En este último documento (n. 12) se añade: «En el momento del acto conyugal, el hombre y la mujer están llamados a ratificar de modo responsable la recíproca entrega que han hecho de sí mismos con la alianza matrimonial. Ahora bien, la lógica de la entrega total del uno al otro implica la potencial apertura a la procreación: el matrimonio está llamado así a realizarse todavía más plenamente como familia. Ciertamente, la entrega recíproca del hombre y de la mujer no tiene como fin solamente el nacimiento de los hijos, sino que es, en sí misma, mutua comunicación de amor y de vida. Pero siempre debe garantizarse la íntima verdad de tal entrega. "Íntima" no es sinónimo de "subjetiva". Significa más bien que es esencialmente coherente con la verdad objetiva de aquellos que se entregan. La persona jamás ha de ser considerada un medio para alcanzar un fin; jamás, sobre todo, un medio de "placer". La persona es y debe ser sólo el fin de todo acto. Solamente entonces la acción corresponde a la verdadera dignidad de la persona.» Vid. también C. BURKE, «Inseparabilidad de los aspectos unitivo y procreativo del acto conyugal», *Scripta Theologica,* enero-abril de 1989, pp. 197 ss.

[323] Cfr. *Instrucción Donum vitae,* 22 de febrero de 1987 de la S. Congregación para la Doctrina de la Fe, II, n. 4.

en su globalidad, se ha mantenido vigente por siglos, marcando la *summa divisio* de las reglas sociales humanas en materia de familia, la frontera que separa sexualidad lícita e ilícita, haciendo del matrimonio el único lugar lícito de la sexualidad humana.

5.4.2. *Una ruptura sociobiológica*

Lo nuevo en el momento histórico en que nos encontramos es la irrupción masiva de conductas contrarias a esa conceptuación del matrimonio, al romperse la barrera sociobiológica que marcaba la línea divisoria entre teoría y praxis. Así, la evolución se aceleró bruscamente desde hace cuarenta años con la aparición de los anticonceptivos y desde hace veinte por el establecimiento de los primeros bancos de esperma. Posteriormente, el proceso se aceleró con el desarrollo de la fecundación *in vitro*, la conservación de embriones humanos, la llamada maternidad por sustitución, y la consiguiente alteración de las filiaciones sociológicas o biológicas. En una palabra, lo que se modificó repentinamente «fue el dominio de la fecundidad y, en la conciencia colectiva, la.difusión de la idea de que la sexualidad y la familia eran los campos en que habían cedido las antiguas barreras. Lo deseado era practicable, dejaba de estar prohibido y, por tanto, se convertía bruscamente en norma» [324].

De modo que se ha producido una paradójica relativización de la relación sexualidad-matrimonio-procreación en dos sentidos. El primero, propiciado por la «medicalización de la sexualidad» a la que antes aludí, que ha supuesto la utilización masiva de anticonceptivos [325] y que conduce a lo que que se ha llamado «el sexo sin niño», es decir, a la separación entre sexo y generación, que muchas veces es fruto de la propia inestabilidad matrimonial [326]. El segundo, a través de un cierto

[324] ROUSSEL, *Fecundidad y familia*, cit., p. 82.

[325] Según el Informe de 1994 sobre el Estado de la Población Mundial (Fondo de Población de las Naciones Unidas, edición española, p. 28): «Actualmente un 55 por 100 de todas las mujeres en edad de procreación o sus compañeros están utilizando algún tipo de anticonceptivos. En China [...] la prevalencia del uso de anticonceptivos es del 80 por 100 [...]; 58 por 100 en Japón; 74 por 100 en USA; 81 por 100 en el Reino Unido y 84 por 100 en Noruega.»

[326] Como dice LEITE DO CAMPOS (*La desinstitutionalisation du mariage*, cit., p. 64): «La función de procreación es la primera víctima de la inestabilidad del matrimonio [...]. Los hijos acaban siendo subproductos de la sexualidad, que es necesario prevenir o eliminar. Siendo el niño (nueve meses de gestación, veinte años de educación, una vida de cuidados) una inversión a largo plazo es poco compatible con un matrimonio a corto término.»

«encarnizamiento procreativo», vía técnicas FIVET, que ha conducido a su vez al «niño sin sexo», es decir, a la generación sin previo acto sexual realizado *humano modo*[327].

Naturalmente, este proceso de cambio no ha quedado confinado en el campo de la moral o de la deontología. La realidad ha sido que, en lo que a la primera cuestión concierne, el Derecho se ha visto influenciado por tales planteamientos con los consiguientes reflejos jurídicos en casi todas las reformas del Derecho de familia acaecidas a partir de los años sesenta[328]. En lo que a la segunda temática atañe, cada vez más se exige al Derecho una respuesta biojurídica[329], que ponga en vías de satisfactoria aclaración una serie de problemas que directamente afectan a los fundamentos mismos del matrimonio y la familia.

5.5. BIOJURÍDICA Y MATRIMONIO

En este último debate, los juristas hemos intervenido tarde. No sólo por la explicable cautela de esperar la clarificación de una situa-

---

[327] Sobre esta terminología, vid. O. DE DINECHIN, «Los progresos científicos y la familia: aspectos éticos», en *El futuro de la familia,* Madrid, 1993, pp. 38-39; A. SERIAUX, *La conception du mariage selon le Code civil,* cit., p. 79.

[328] Baste el ejemplo de España. Como hace notar BERNÁRDEZ (*op. cit.,* pp. 50-51): «La tendencia privatizadora del matrimonio, característica de la Ley reformadora de 1981, ha dado lugar a que permanezca en la sombra y dé la impresión de que ha desaparecido la conexión entre el matrimonio y la generación. Este síntoma se manifiesta especialmente en la desaparición del impedimento de impotencia minuciosamente regulado en la redacción originaria del Código civil (art. 83.3.º), de forma que ya no se exige que los contrayentes sean hábiles para la procreación [...]. La supresión del impedimento de impotencia, significaría la irrelevancia de la procreación como fin del matrimonio y la abstención del legislador sobre aspectos tan personales e íntimos de la comunidad conyugal. Con el mismo criterio podría estar relacionado la derogación del impedimento de afinidad, basada precisamente en que la íntima unión carnal de los esposos (su integración en una sola carne) origina un especial vínculo entre un consorte y los consanguíneos del otro. Y en este orden de consideraciones, podríamos recordar también la irrelevancia, desde el punto de vista civil, de la inconsumación del matrimonio, tan sólo aludida en la ley a propósito de las decisiones pontificias sobre matrimonio rato y no consumado (art. 80) [...]. Con todo, hemos de afirmar que esa realidad existencial que es el matrimonio tal y como lo viven la generalidad de las personas, no es totalmente ajena a nuestro Derecho civil. En efecto, la distinción entre filiación matrimonial y extramatrimonial (siquiera sea a efectos de su determinación: arts. 115 ss.) y, concretamente, la presunción de paternidad en favor del marido (art. 116), está enunciando algo más que un puro evento o un simple dato de experiencia: está reconociendo, en nuestra consideración, la destinación connatural del matrimonio a la consecución de la descendencia.»

[329] Sobre esta cuestión, J. M. SERRANO, «Biojurídica: ámbito y principio», en su *Bio-*

ción confusa y unida a requerimientos médicos aún no totalmente experimentados, sino también, como se ha advertido, por una duda: la del exacto título de nuestra intervención [330], quizá porque se produjo un lapso de incertidumbre hasta que problemas *bioéticos* se manifestaron también como problemas *biojurídicos*.

En todo caso, la intervención era inevitable si se repara en alguno de los interrogantes que las nuevas técnicas plantean: ¿debe el Estado dejar total libertad a las iniciativas privadas en este campo?, ¿dejar que se desarrolle un mercado de donantes de esperma o de madres portadoras? ¿Debe la colectividad asumir esos gastos médicos en nombre de una especie de derecho al hijo? ¿Tal derecho a la prole es absoluto e ilimitado? ¿Qué factor es determinante para designar al padre o la madre: la filiación genética, la determinación del derecho o las inversiones afectivas? Entre la madre portadora y la genética, ¿quién es prioritariamente la verdadera madre? Las nuevas técnicas ¿exigen la renuncia al criterio general de que todo nacido tiene derecho a conocer la identidad de sus progenitores? La libre investigación de la paternidad ¿debe ser restringida en los casos de procreación heteróloga con esperma de donante anónimo? ¿Es justo condenar por ley al nacido a una suerte de «orfandad legal», permitiendo la fecundación *post mortem* y un nuevo concepto de post postumidad? [331].

Conviene ilustrar estos problemas al hilo de concretos supuestos. Supuestos muy recientes, reflejados en repertorios jurisprudenciales o, al menos, y hasta su inclusión en ellos, ampliamente difundidos a través de los medios de comunicación [332].

ética, poder y Derecho, Madrid, 1993, pp. 23 ss.; G. DALLA TORRE, *Bioetica e diritto*, Torino, 1993.

330 Cfr. D'AGOSTINO, *Elementos para una filosofía de la familia*, cit., pp. 151 ss.

331 Un elenco de problemas jurídicos planteados por las nuevas técnicas FIVET vid. en G. GARCÍA CANTERO, «La crisis de la sexualidad y su reflejo en el Derecho de familia», en *Libertades fundamentales y sistema matrimonial*, cit., pp. 8 ss.

332 Me he tomado la licencia de recurrir, en alguna ocasión, a fuentes no estrictamente jurisprudenciales. Lo he hecho cuando ha sido absolutamente indispensable, es decir, sólo en aquellas ocasiones en que el supuesto analizado está aún pendiente de resolución ante los órganos judiciales o cuando la decisión no ha sido publicada en los repertorios oficiales. Por lo demás, la verdad es que alguno de los supuestos a que aludo en el texto inevitablemente se tornarán contenciosos por la propia dinámica del hecho que encierran. Hasta entonces, necesariamente he debido recurrir a las noticias difundidas a través de la prensa nacional e internacional. Como disculpa recordaré lo que dice CARBONNIER (*Sociología jurídica*, cit., p. 164): «[...] las crónicas judiciales que se encuentran en la gran prensa se refieren ostensiblemente al derecho, aunque lo hagan para satisfacer la curiosidad de los no juristas. En las secciones de *hechos diversos*, por el contrario, el derecho se encuentra enterrado bajo las costumbres; pero para los sociólogos

En esta línea, cuatro casos relacionados con el arsenal de nuevas técnicas procreativas han llamado especialmente la atención: 1) Una lesbiana de nacionalidad estadounidense, unida a otra lesbiana, da a luz a un hijo haciéndose inseminar con esperma de donante anónimo. 2) Julia Skolnick, una mujer blanca norteamericana, da a luz una niña de color después de ser inseminada presuntamente con esperma de su difunto esposo, también blanco. 3) Arlette Schweitzer, una bibliotecaria de cuarenta y dos años, se hace implantar en su útero los embriones de los que, en principio, serán sus nietos. 4) Luciano Anselmi, un italiano estéril casado con Laura Pizzetti, inicia una acción de desconocimiento de paternidad del hijo habido por su mujer con esperma de un donante anónimo, con la previa autorización del propio marido.

En los cuatro casos, las perplejidades de los juristas nacen no tanto de cuestiones morales como de la adecuada identificación del *status* jurídico de la filiación, la repercusión sobre la salud física y psíquica de los hijos, y la incidencia de la escisión entre sexualidad y procreación en la propia conceptuación del matrimonio.

5.6. La fecundación artificial: un rompecabezas jurídico

Comencemos por el caso del niño norteamericano engendrado por su madre lesbiana (Andra) con la aprobación de su compañera (Mary), también lesbiana [333]. Inicialmente el niño nacido fue inscrito como hijo sin padre legal, por más que este papel inicialmente lo desempeñara la parte *activa* de la pareja. El problema se planteó cuando el donante anónimo del esperma (Steve Wittman, también homosexual) inició una acción legal exigiendo que se le reconociera la paternidad legal. El juez norteamericano ha dado la razón al padre genéti-

es una mina. Lo jurídico se aprehende allí sin contencioso, antes del paso de los juristas. Y bajo el aspecto pintoresco, que, por hipótesis, ha atraído a los reporteros y a los informadores, se puede presumir la existencia de fenómenos aberrantes, que son sociológicamente (y jurídicamente) reveladores.» Alguno de los casos seleccionados son especialmente conflictivos, y encierran tristes historias en las que inmisericordemente han indagado los medios de comunicación de todo el mundo. Si los traigo aquí a colación es porque cuanto más estridentes sean las pretensiones de un litigante o el conjunto de la situación contenciosa, «mayor ocasión tiene de ser sociológicamente instructiva, ya que pueden poner de manifiesto capas de derecho popular mal reprimidas, leyes imaginarias [...] o conflictos entre modelos jurídicos diferentes». CARBONNIER, ibídem, p. 158.

[333] La sentencia que reconoce los derechos de paternidad de Wittman no ha sido recopilada en las colecciones jurisprudenciales. La Corte Suprema del Estado de California denegó el recurso a la decisión favorable a Wittman. Para una amplia descripción del supuesto, vid. *The Washington Times*, 14 de febrero de 1994, p. A8.

co, cuyo nombre deberá aparecer en el certificado de nacimiento del niño. Además, el donante pretende tener derechos de custodia conjunta sobre el disputado bebé. En todo caso, es evidente que cuando el niño tenga uso de razón, deberá hacer notables esfuerzos para comprender a su extraña familia.

Sin necesidad de recurrir al anónimo donante, el tema podría complicarse si la inicial armonía entre la pareja homosexual se torna en litigio que concluya en separación. La que abandona el hogar *conyugal* ¿qué derechos tendrá sobre el pequeño? El supuesto no es impensable, pues no hace mucho tiempo se planteó ante la Corte Suprema del Estado de Nueva York [334]. Los antecedentes de hecho son los siguientes. Desde el nacimiento del niño —concebido de donante anónimo, previo acuerdo entre Virginia (la madre inseminada) y Alison, su *partner*— ambas mujeres ejercieron también conjuntamente los derechos y responsabilidades sobre el niño, «como si de coascendientes se tratase». Al producirse la ruptura entre ellas, Alison demanda a Virginia por negarle el derecho de visita sobre el niño. La Corte de Nueva York rechaza el *habeas corpus* solicitado por Alison. Su argumentación: «El concepto de ascendiente (padres) no es aplicable a la mujer que convive con la madre natural.» La Corte añade que esto no significa que minusvalore la relación afectiva entre Alison y el niño. Significa sólo que el término *padre* que recoge la ley no es aplicable a la demandante.

Probablemente por esto, y a diferencia de España que admite la inseminación artificial en madre soltera, con todos los abusos a que puede dar lugar [335], el Derecho alemán y el francés [336] establecen que sólo podrán recurrir a las técnicas FIVET las parejas formadas por un hombre y una mujer, en edad de procrear, que estén casados o vivan juntos durante un determinado espacio de tiempo. Se excluye, pues, a mujeres solas, parejas de lesbianas o viudas que quieran utilizar el es-

---

[334] *In the Matter of Alison D. v. Virginia M.*, 552, NYS, 2d 321 (AD, 2 Dept. 1990).

[335] Según el artículo 6.1 de la Ley 35/1988, de 22 de noviembre, sobre reproducción humana asistida: «Toda mujer podrá ser receptora o usuaria de las técnicas reguladas en esta ley, siempre que haya prestado su consentimiento a la utilización de aquéllas de manera libre, consciente, expresa y por escrito. Deberá tener dieciocho años al menos y plena capacidad de obrar.» Sobre este punto: F. LLEDÓ, *Fecundación artificial y Derecho*, Madrid, 1988, pp. 103 ss.; M. J. MORO, *Aspectos civiles de la inseminación artificial y la fecundación «in vitro»*, Madrid, 1988, pp. 351 ss.; C. HERNÁNDEZ IBÁÑEZ, «Nuevas técnicas de procreación artificial. La inseminación artificial: consecuencias jurídicas», *Revista General de Legislación y Jurisprudencia*, 1986, pp. 480 ss.

[336] La Ley alemana es de 13 de diciembre de 1990. Entró en vigor en enero de 1991. La Ley francesa fue votada por la Asamblea Nacional en noviembre de 1992. El Senado la ha refrendado con algunos pequeños cambios en febrero de 1994.

perma de su difunto esposo. En el mismo sentido se pronuncian las legislaciones sueca y suiza. Puntualizándose en ambas que sólo será consentida la inseminación cuando se prevea que el niño crecerá en un ambiente y condiciones favorables [337].

El caso de Arlette Schweitzer [338], la *abuela-madre* de Dakota del Sur, plantea cuestiones distintas. La primera, indagar en la motivación del masivo rechazo legal de la llamada maternidad por sustitución. En mi opinión, el juicio de fondo más acertado es el que entiende que, sobre estos supuestos, se han concentrado las reservas éticas que siguen latentes ante la reproducción asistida en su conjunto. Reservas que, por ejemplo, han llevado a un grupo de expertos franceses, encabezados por Jacques TESTART, pionero de la fecundación artificial, a solicitar una «moratoria internacional» en la aplicación de las nuevas técnicas, que permita analizar con atención el mismo concepto de «progreso científico» [339].

Prescindiendo ahora de implicaciones éticas, es evidente que los problemas estrictamente jurídicos se agravan en el caso de la maternidad por sustitución, con o sin precio. Por ejemplo, la determinación

---

[337] La normativa sueca se contiene sustancialmente en una Ley de diciembre de 1984, completada por dos disposiciones de marzo de 1987 y junio de 1988. En ellas se establece que el ámbito de aplicación de la inseminación artificial viene determinado por la pareja heterosexual estable (art. 2 de la Ley de 1984) o, como puntualiza la Ley de 1988, sólo se admite la FIV homóloga (óvulos y semen de la misma pareja), aplicada a una mujer casada o que convive con un varón de forma estable. En Suecia se prohíbe la maternidad subrogada, bajo sanción de multa o prisión no superior a seis meses de duración. En Suiza la Ley de 17 de mayo de 1992 reparte las competencias sobre este tema entre el poder federal y el cantonal. Las normativas cantonales de Ticino, Vaud, Glaus, Aargan, Neuchâtel y Basilea, entre otras, sólo admiten la fecundación homóloga dentro del matrimonio o en pareja heterosexual y estable. Estas y las restantes legislaciones europeas que cito pueden cotejarse en M. VEGA, J. VEGA y P. MARTÍNEZ, *Reproducción asistida en la Comunidad Europea. Legislación y aspectos bioéticos,* Valladolid, 1993. También, aunque más sintetizadas, en «Bioethique: l'état des lois (dossier)», en *Choisir la vie,* 1 (1993), pp. 3-4. Referencias al Derecho comparado y al Derecho supranacional pueden verse en G. MORENO BOTELLA, «Algunos aspectos en torno a las nuevas técnicas de reproducción asistida», *Anuario de Derecho Eclesiástico del Estado,* VII (1991), pp. 79 ss.

[338] Arlette Schweiter accedió a que se le implantara un óvulo fecundado de su hija Christa, de 22 años, que nació sin útero y deseaba tener un hijo propio con su marido. Después de una gestación normal dio a luz dos mellizos. Sobre supuestos similares en el contexto del Derecho norteamericano, vid. A. KATZ «Surrogate Motherhood and the Baby-Selling Laws», *Columbia Journal of Law and Social Problems,* 1986, pp. 45 ss.; M. MAGUIRE SHULTZ, «Reproductive Technology and Intent-Based Parenthood: An Opportunity for Gender Neutrality», *Wisconsin Law Review,* 1990, pp. 34 ss.

[339] Cfr. J. LEJEUNE, *L'enceinte concentrationnaire,* Paris, 1990, pp. 71 ss.; A. M. LE BOS, «À propos de la bioéthique: la démocratie selon Ponce Pilate», *Pouvoirs,* 59 (1991), en especial pp. 162 ss.

legal de la maternidad. Si el supuesto americano se hubiera dado en España, donde la ley prohíbe esta práctica, aunque no la penaliza [340], la maternidad de los hijos se atribuiría a la mujer en cuyo útero se implantaron los embriones. Otra cosa es que la madre uterina no ejercitara sus derechos legales sobre los niños nacidos y los cediera a su hija, que fue la madre comitente y genética. Pero ¿y si antes del nacimiento surgiera una disputa entre la madre uterina (*rectius*, la abuela) y su hija, que a su vez es madre genética de sus nuevos hermanos legales? El juez español al que se le planteara esta versión actualizada del juicio salomónico, no podría hacer otra cosa sino aplicar el artículo 10.2 de la Ley sobre reproducción asistida: «La filiación de los hijos nacidos por gestación de sustitución será determinada por el parto.»

En el Estado norteamericano donde se produjo el nacimiento de los niños, la solución podría ser distinta, al existir un vacío en la legislación de Dakota del Sur sobre este extremo [341]. Si se aplica el precedente jurisprudencial del llamado caso *Baby M. Mary* [342], la custodia se-

[340] El artículo 10 de la Ley española 35/1988 dispone: «1. Será nulo de pleno derecho el contrato por el que se convenga la gestación, con o sin precio, a cargo de una mujer que renuncia a la filiación materna en favor del contratante o de un tercero. 2. La filiación de los hijos nacidos por gestación de sustitución será determinada por el parto. 3. Queda a salvo la posible acción de reclamación de la paternidad respecto del padre biológico, conforme a las reglas generales.» Sobre este punto, vid. C. HERNÁNDEZ IBÁÑEZ, «Los aspectos jurídicos de las técnicas de reproducción asistida: ley española y marco europeo», *Revista de Derecho. Universidad de Concepción*, enero-junio de 1993, en especial pp. 59-62. Una breve pero excelente síntesis sobre los problemas que, en relación con la filiación, plantean las técnicas de reproducción asistida en el Derecho español vid. en M. ALBALADEJO, *Curso de Derecho civil, IV, Derecho de familia*, Barcelona, 1989, pp. 272-275.

[341] En los Estados Unidos la regulación legal sobre medicina reproductiva, FIVET y experimentación en embriones no es uniforme. De hecho, a nivel federal la *Uniform Parentage Act* de 1974 adelantó algunas directrices, que sólo siguieron pocos estados. A nivel estatal, veinticinco han dictado legislaciones propias sobre experimentación con fetos humanos. Ocho Estados contemplan de forma explícita la investigación con embriones. Sólo cinco Estados (Florida, Kentucky, Luisiana, Michigan y Nebraska) explícitamente proclaman la invalidez de un contrato de subrogación en el que haya habido pago de cantidad determinada. Indiana y Dakota del Norte prohíben la maternidad de sustitución, con o sin precio. Sólo Arkansas explícitamente dispone que cuando una pareja realiza un contrato con madre subrogada que no esté casada, ellos serán los padres legales del hijo que nazca, y no la madre portadora. Dakota del Sur, como digo, no regula la cuestión. Cfr. S. FRELICH APPLETON, «Surrogacy Arrangements and The Conflict of Laws», *Wisconsin Law Review*, 1990, pp. 67 ss.

[342] En realidad es una denominación convencional que ha hecho fortuna en los medios judiciales norteamericanos. Su inclusión en los repertorios jurisprudenciales ha sido con la denominación de caso *Whitehead v. Stern, Superior Court of New Jersey*, sentencia de 31 marzo 1987. El texto puede cotejarse en *Il diritto di famiglia e delle perso-*

ría confiada al padre genético (el que donó el esperma) con una adopción de urgencia en favor de la madre comitente, con más razón en este caso en que es también la genética (la que proporcionó el óvulo). ¿Cuál de las dos soluciones es más justa? En una primera aproximación emocional, tal vez la segunda. No obstante, considerando la cuestión más reflexivamente, tampoco puede desconocerse el vínculo afectivo y físico que crea el intercambio constante, durante nueve meses, de sensaciones, impresiones y memoria psíquica entre la madre uterina y el hijo. Por lo demás, esta modalidad reproductiva crea otros problemas de entidad. Baste enunciar uno: si la amplia facultad de abortar que bastantes legislaciones conceden a la mujer gestante seguiría detentándola la madre uterina, no obstante la oposición al aborto por parte de la madre genética o de la simplemente psicológica.

Analicemos ahora los dos últimos supuestos antes ejemplificativamente enunciados. El problema jurídico que plantea el caso de Julia Skolnick [343], sorprendida en su buena fe por la negligencia de un labo-

ne, 3-4 (1987), pp. 1515 ss. Los términos del supuesto fueron los siguientes: Los señores Stern no tenían hijos, fundamentalmente porque la esposa —aquejada de una esclerosis múltiple—, aun pudiendo concebir, era muy dudoso que pudiera llevar adelante la gestación sin graves problemas para ella y el hijo. La pareja, después de haber intentado adoptar un niño sin éxito, se dirigen en Nueva York a un centro de curación de la esterilidad, donde se ponen en contacto con la señora B. Whitehead, que se ofrece a actuar como potencial madre biológica. Ella y William Stern concluyen un acuerdo escrito en el propio centro de infertilidad. La primera —con la autorización de su marido, Richard Witehead— se obligó a ser artificialmente fecundada con el esperma de Stern y a renunciar, al nacer el niño, a la custodia del recién nacido, en favor del matrimonio. Sin embargo, al nacer el niño, la mujer inseminada se negó a cumplir lo acordado. Los Stern recurrieron a los tribunales, pero la madre uterina no concurrió. Localizada por la policía, y sobre la base de una orden de un Tribunal de Florida, Stern obtiene la custodia del niño. El juez Sorkow concede la custodia definitivamente al padre comisionante, privando a la madre uterina de todo derecho sobre el niño. Concluido el juicio, el juez decreta una adopción de urgencia a favor de la esposa del padre genético. Vid. también V. L. PAYNE, «The Regulation of Surrogate Motherhood», *Family Law,* 1987, pp. 179 ss.

[343] Fred y Julia Skonick decidieron conservar a través de la criocongelación el semen del primero cuando a Fred le diagnosticaron un cáncer. La finalidad era la inseminación artificial de Julia con el esperma de su marido, en caso de que éste sobreviviera al cáncer diagnosticado poco después de contraer matrimonio. Sometido a tratamiento quimioterápico durante un año se le dieron fundadas esperanzas de vida. Así que Julia se sometió a un procedimiento de inseminación artificial con —presuntivamente— el esperma de su marido. Por una equivocación de los laboratorios, el esperma utilizado fue el de un donante anónimo, con el resultado de que la recién nacida fuera de color. A los dos años falleció Fred, y Julia inició acciones legales para exigir responsabilidades al banco de semen y a la clínica donde se efectuó la inseminación. A cambio de la retirada de la demanda, se produjo un acuerdo entre las tres par-

ratorio neoyorquino, es el que viene denominándose el derecho de todo nacido a un patrimonio genético no manipulado o, al menos, el derecho a indagar en sus orígenes: saber quién es, de donde viene y por qué ha nacido. De momento, la madre defraudada en sus expectativas ha sido indemnizada *pro bono pacis* con una cantidad importante.

Sin embargo, cuando la niña de color tenga uso de razón, sabiendo que no es hija de su blanco y fallecido padre legal, ¿podrá indagar la identidad del padre genético? La respuesta en España al interrogante jurídico sería negativa. Los donantes de esperma están protegidos por el anonimato y los nacidos por inseminación heteróloga carecen, salvo casos muy excepcionales [344], de la posibilidad de investigación de la paternidad, aunque puedan conocer las características del hombre que donó el semen. Desde mi punto de vista esta norma es de dudosa constitucionalidad, al entrar en confrontación con el artículo 39 de la Constitución, que posibilita la investigación de la paternidad en todo caso [345]. Tal vez por ello, el Senado holandés, como antes hiciera Suecia [346], acaba de aprobar una disposición por la que se reconoce el de-

---

tes, con una importante indemnización a la Skolnick. El juez instructor del caso declaró secreto los términos exactos del acuerdo, ordenando el depósito del expediente sellado en los archivos del Tribunal Supremo del Estado de Nueva York. De ahí que aquí solamente pueda hacer referencia al supuesto de hecho, sin puntualizar los términos exactos del acuerdo.

[344] El artículo 5.5 de la Ley española establece: «La donación será anónima, custodiándose los datos de identidad del donante en el más estricto secreto y en clave en los Bancos respectivos y en el Registro Nacional de Donantes. Los hijos nacidos tienen derecho, por sí o por sus representantes legales, a obtener información general de los donantes que no incluya su identidad. Igual derecho corresponde a las receptoras de los gametos. Sólo excepcionalmente, en circunstancias extraordinarias que comporten un comprobado peligro para la vida del hijo, o cuando proceda con arreglo a las leyes procesales penales, podrá revelarse la identidad del donante, siempre que dicha revelación sea indispensable para evitar el peligro o para conseguir el fin legal propuesto [...]. Dicha revelación tendrá carácter restringido y no implicará, en ningún caso, publicidad de la identidad del donante.»

[345] El artículo 32.2, último inciso, establece: «La ley posibilitará la investigación de la paternidad.» Incluso autores que mantienen una decidida posición contraria a la investigación de la paternidad en estos supuestos reconocen que su posición puede suponer una vulneración del artículo 39 CE. Cfr. HERNÁNDEZ IBÁÑEZ, *Nuevas técnicas de procreación artificial...*, cit., p. 513.

[346] Según el proyecto de ley holandés aludido, todo niño concebido por inseminación artificial podrá, a partir de los doce años, acceder a la información sobre las características externas de su padre. A partir de los dieciséis años podrá conocer el resto de sus datos personales. En los artículos 54 y 5 de la Ley sueca de 1984 se establece como fundamental el derecho del hijo nacido a través de técnicas FIVET a conocer la identidad del padre biológico o donante. Y en la Ley de 1987 se reafirma el derecho del hijo concebido por inseminación a conocer la identidad de su padre biológico, consideran-

recho de los nacidos por fecundación artificial a conocer la identidad —y no sólo las características generales— de sus padres genéticos. Precisamente porque el derecho o el interés social de mantener el anonimato del padre o de la madre naturales no supera el derecho del niño a conocer sus propias raíces. Por su parte acaba de plantearse en Suecia el primer caso en que un donante de esperma es demandado por su hijo para que asuma sus responsabilidades [347].

Esta observación conecta con el último de los supuestos seleccionados. En él se manifiesta con especial crudeza la indefensión de los hijos en los casos de fecundación heteróloga con donante anónimo. Los antecedentes de hecho son los siguientes [348]: Luciano Anselmi y Laura Pizzetti contrajeron matrimonio hace trece años. Al no poder tener hijos por esterilidad del marido, ambos convinieron en que la esposa se sometiera a tratamiento de inseminación artificial con donante anónimo. Nació así un hijo (Mattia) al que Luciano reconoció como propio y prestó su apellido. Posteriormente se produjeron problemas en el matrimonio, fundamentalmente originados por la oposición de la madre y sus parientes cercanos a que el marido interviniera en la educación del chico, al no considerarlo como hijo biológico del mismo. El matrimonio se separó a los ocho años de nacer Mattia, obteniendo la esposa la nulidad del matrimonio. Luciano presentó una demanda de «desconocimiento de la paternidad», que ha sido aceptada ahora por la Corte de Cremona. En la sentencia se indica que el niño deje de ostentar el apellido Anselmi, y dado que el «desconocimiento de paternidad» es un derecho del marido, tampoco deberá indemnizar a la esposa por los gastos de manutención del niño ni por el daño moral sufrido. A la vez se

---

do como requisito exigible para la selección del donante el que éste esté dispuesto a someterse a los exámenes y análisis sanguíneos pertinentes, si así se requiere.

[347] La historia es singular. Una mujer sueca —deseosa de ser madre, pero no de casarse ni de sostener relaciones sexuales— viajó a Dinamarca para satisfacer sus aspiraciones a través de un donante de esperma. En una clínica especializada, un varón «sano y fuerte» se ofreció a donarle su esperma. Tras varios intentos clínicos, la joven quedó embarazada dando a luz posteriormente un varón. La madre continuó manteniendo relación epistolar con el donante. La idea de demandar al donante no partió de la madre inseminada, sino de las autoridades sociales del pueblo en que vive, que opinan es justo que sea el padre biológico quien asuma los gastos de mantenimiento del niño. El niño aparece representado por su abogado en el litigio, que exige miles de coronas para la manutención del pequeño, desde su nacimiento hasta que alcance la edad de dieciocho años. Cfr. diario Abc, 29 de junio de 1994, p. 59.

[348] *Tribunale di Cremona,* sentencia de 17 de febrero de 1994. Texto en *Famiglia e diritto,* 2/1994, pp. 9 ss, con comentario de A. CARLO MORO. Agradezco al profesor A. Chizzoniti, de la Universidad de Florencia, su amabilidad en hacerme llegar el texto original de la sentencia.

deniega que se haga público el nombre del donante de esperma, petición hecha por el procurador que el tribunal asignó al pequeño Mattia.

El Tribunal justifica su posición observando que: «En caso de *impotentia generandi* del marido, el consentimiento por él prestado a la inseminación artificial heteróloga de la mujer no es idóneo para excluir la acción de desconocimiento [...], tanto por inexistencia en el ordenamiento italiano vigente de una específica norma que reconozca al consentimiento la eficacia de excluir la acción de desconocimiento de la paternidad como por la falta de aquella relación biológica de sangre que constituye el presupuesto imprescindible para toda relación jurídica de filiación.» Añadiendo que «[...] el deber de fidelidad derivado del matrimonio (art. 143 Cc italiano) no se refiere tan sólo a la específica esfera sexual sino que abarca también la generativa [...]. El consentimiento a la inseminación artificial heteróloga se traduciría en un consentimiento a la violación de aquel deber, con la consecuencia de que, en cuanto referido a un deber indisponible y no derogable por la voluntad de las partes, el consentimiento mismo sería ciertamente ilícito y como tal privado de valor jurídico.»

Es evidente que el Tribunal, amparando los derechos de Luciano Anselmi, simultáneamente propicia una situación de indefensión del hijo nacido. La solución no es fácil, precisamente porque la *species facti* en la que se origina el problema, conduce potencialmente a una encrucijada jurídica que trae su origen en la alteración de las relaciones sexualidad-procreación en el seno mismo del matrimonio. En todo caso, la indefensión aludida, está llevando a dos consecuencias en el Derecho comparado. La primera, como se vio, orientada a hacer posible la indagación de la paternidad también en los casos de donante anónimo. La segunda, recogida en la más reciente legislación sobre el tema[349], sentando como obligación legal que el hombre que da su consentimiento para el recurso por parte de su cónyuge a la procreación médicamente asistida, homóloga o heteróloga, no pueda renunciar a su paternidad legal.

Ciertamente, ante los avances científicos no hay que dejarse llevar por el pánico, pero tampoco por una suerte de optimismo acrítico. En todo caso, se sea o no entusiasta de las nuevas técnicas de fecundación artificial, es claro que están propiciando una jungla de casos controvertidos. Y no parece que el catálogo se haya agotado.

---

[349] Me refiero a la Ley francesa aludida anteriormente en nota. Años antes, el Código civil suizo de 1975 estableció que, en caso de reproducción humana asistida, el marido de la mujer inseminada será el padre legal del hijo que nazca, si aquél consintió previamente en la inseminación de su mujer.

Según estudios serios, combinando todas las posibilidades, existen hoy treinta y seis modos de nacer que trascienden los límites puestos por la biología natural [350]. A la hora de regular o limitar jurídicamente este complicado horizonte, conviene no perder de vista sus efectos sobre terceros y las consecuencias a largo plazo. Tiene razón Leon KAAS cuando observa que la probeta fecundativa es hoy la lámpara de Aladino de la técnica. Pero no conviene olvidar que «una vez que el genio ha hecho entrar el niño en la probeta, es muy difícil rescatarlo de ella» [351].

5. 7. REESCRIBIR EL DERECHO MATRIMONIAL

Si me he permitido detener la atención en la exposición y comentario en estas decisiones judiciales, la razón estriba en que, en su relativa novedad, orientan la polémica acerca de esa escisión entre procreación y matrimonio, que implica una verdadera alteración de la tradicional conceptuación de su estructura y elementos esenciales o, al menos, de una de sus derivaciones clásicas cual es la filiación.

En lo que respecta al primer aspecto, ya en el Derecho matrimonial canónico se ha comenzado a analizar el impacto de las nuevas técnicas reproductivas en las causas de nulidad del matrimonio [352]. De modo que, por ejemplo, la clásica exclusión del *bonum fidei* no sólo abarcaría quien se reserva, en el momento de prestar el consentimiento matrimonial, el derecho de mantener relaciones extramatrimoniales, sino también quien se propone, dejando firme la obligación de la fidelidad sobre el plano sexual, generar hijos con persona diversa del propio cónyuge recurriendo a la fecundación artificial heteróloga. Sin que el previo acuerdo entre los cónyuges subsane la invalidez, ya que dicha

---

[350] S. SPINSATI, *Etica bio-medica,* Milano, 1987, p. 81.

[351] Tal vez por esto, se ha observado que: «El derecho a la prole debe ser matizado adecuadamente. En nuestra opinión, no puede hablarse de un derecho absoluto e ilimitado a la paternidad o a la maternidad porque el derecho recaería sobre el hijo que, en cuanto ser humano, tiene valor propio y no puede ser considerado objeto del derecho de nadie [...].» A. BERNÁRDEZ, *Elementos definidores del matrimonio implícitos en las causas de nulidad y separación*, cit., p. 50.

[352] Cfr. P. MONETA, «Procreazione artificiale e diritto matrimoniale canonico», *Il diritto di famiglia e delle persone,* 1987, pp. 1303 ss.; S. GHERRO, «Considerazioni canonistiche in tema di fecondazione artificiale», misma revista, pp. 1199 ss.; E. SGRECCIA y M. L. DI PIETRO, «Manipolazioni genetiche e procreazione artificiale: orientamenti giuridichi e considerazioni etiche», misma revista, en especial pp. 1444-1446. A lo dicho en el texto, podrían añadirse los complejos problemas que, también en sede canónica, pueden plantear algunas situaciones por la utilización indiscriminada de las técnicas FIVET en relación con los impedimentos matrimoniales de parentesco.

intención supone privar al matrimonio de uno de sus aspectos esenciales, alterando su genuina estructura. Este tipo de fecundación introduce en la intimidad conyugal una tercera persona, alterando la estructura unitaria del matrimonio y comprometiendo así su unidad, con una serie de efectos constatables en las relaciones entre los cónyuges, y entre éstos y el niño engendrado. Contraria también a la sustancia del matrimonio, esta vez bajo el aspecto de exclusión del esencial elemento del *bonum prolis,* sería quien llevado de una especial fobia o fijación deseara tener hijos de su cónyuge, pero solamente a través de fecundación artificial. La aceptación de la generación fuera de sus bases naturales no es suficiente para integrar el *bonum prolis;* implicaría privar al otro cónyuge de su derecho a la paternidad o maternidad natural, entrando así en contraste con el *bonum coniugum,* que es uno de los elementos esenciales del matrimonio a la luz del canon 1.055 del CIC [353]. Sin embargo, no prestaría un consentimiento inválido quien en su fuero interno prevea, *si casus ferat,* recurrir a la fecundación homóloga en caso de una posible esterilidad biológica de su pareja. Precisamente porque esta modalidad de fecundación artificial no choca con la unidad ni con su correlato obligacional que es la fidelidad.

En lo que atañe a la relación de filiación, la fecundación artificial, en especial la heteróloga, está llevando a reescribir el Derecho de familia, turbando delicados equilibrios que se habían alcanzado en el diseño legal de la paternidad y maternidad legales. De modo que no puede extrañar la posición de quien no desea encerrar el problema dentro de la camisa de fuerza de la lógica jurídica, sino que se remite a la jurisprudencia en la calificación de cada supuesto, buscando siempre no tanto satisfacer el interés, a veces egoísta, de quienes actuaron llevados de un supuesto derecho absoluto e ilimitado a la paternidad o maternidad, cuanto el interés del hijo nacido. Es el convincente planteamiento del juez LATEY de la *High Court. Family Division* londinense cuando, llamado a decidir en el caso *Baby Cotton,* decía: «El hecho es que la niña ha nacido. Lo que interesa ahora es decidir de acuerdo a lo que es preferible para ella, no de acuerdo al *iter* a través del que ha venido al mundo» [354].

---

[353] En realidad, como ha hecho notar J. HERVADA («Consideraciones sobre la noción de matrimonio», en sus *Escritos de Derecho Natural,* Pamplona, 1993, p. 545), el hijo nacido de inseminación artificial no es estrictamente fruto del matrimonio, aunque se fecunde a la mujer con el semen del marido. El hijo, desde luego, es fruto de ambos, «pero no propiamente de su matrimonio, no es un hijo *matrimonial* según la naturaleza, aunque sea legítimo según la ley».

[354] Citado por G. GANDOLFI, «Profili civilisti della fecondazione artificiale», *Giurisprudenza italiana,* IV, 1986, p. 89.

IV. CONSIDERACIONES FINALES

Al concluir mi exposición me queda una duda: si no habré descrito con trazos demasiado gruesos la crisis del modelo matrimonial clásico; es decir, si no habré incidido en esa deformación profesional, tan propia de los juristas, que tendemos a hurgar en la patología de las instituciones sin valorar, a veces, la sanidad del conjunto. Tal vez sea así. Pero en este caso, debe achacarse a la propia legislación contemporánea parte de la responsabilidad, precisamente por tomar como hipótesis de hecho la de la pareja en crisis, inestable o incompleta[355].

Esta representación, que viene a oscurecer la del ideal-tipo de la familia estable y unida, ha desarrollado en torno al matrimonio y la familia una especie de Derecho tentacular y «atrapa-todo»[356], que, como observa Philippe RÉMY[357], trata de adaptarse a todas las vicisitudes de la pareja, creando así una legislación «de remedios» más que «de mo-

---

[355] Con lo cual no quiero decir que la más reciente legislación en torno al matrimonio y la familia carezca de aspectos positivos. Es evidente que las ansias de igualdad que se infiltra en todo el Derecho de familia ha puesto orden en aspectos discriminatorios que el arrastre histórico había cristalizado en un monolitismo exasperante. Igualmente la marcha hacia la libertad en tantos aspectos patrimoniales, con la consiguiente mutabilidad de las convenciones matrimoniales, así como el retroceso de ciertos impedimentos, sin demasiada razón de ser en el matrimonio, han supuesto avances en la libertad de las nupcias. Por otra parte el Estado-providencia parece dar paso a una verdadera «sociedad providencia» en la que las ONG, la colectividad, los miembros de las propias familias manifiestan cada vez más sus deseos de aportar asistencia a sus miembros en necesidad.

[356] La expresión es de J. HILAIRE, «Le droit de la famille», en *Le droit de la famille en Europe*, cit., p. 5.

[357] *Philosophie du mariage...*, cit., p. 30.

delos». Una legislación que va oscureciendo, por la misma fuerza de las cosas, los perfiles mismos de la institución matrimonial; de modo que ya no presenta, como solía hacer el modelo clásico, su propia sustancia sino más bien sus accidentes [358].

Esta normativa, más de «gestión que de convicción» [359], dibuja a su vez una familia «incierta» cuya legitimación no bascula exclusivamente sobre el matrimonio, sino sobre una legitimación organizada por la propia ley a través de esa unión «a la carta» de que habla la sociología. En ella se combinan cohabitación y matrimonio, heterosexualidad y homosexualidad, formalización por imperio de ley y, al tiempo, intensa contractualización, que deja a las partes la determinación de sus efectos, su duración y su fin. Añádase una cierta tendencia a la unidimensionalidad, en la medida que prescinde de la dimensión espiritual, y para la que el hombre es pura biología, pero que, paralelamente, acentúa la liberación con respecto al orden biológico de la Creación. Decididamente puerocéntrica, pero que permite la plena dimisión de aquella responsabilidad de los padres hacia los hijos, que el legislador potencia al máximo a través de legislaciones de aborto, en las que, además, existe el llamativo contraste con el vigoroso principio del ejercicio colegial de la potestad sobre los hijos, allí donde permite a la sola mujer toda la decisión sobre el aborto [360].

De este modo, el Derecho matrimonial parece hoy encontrarse inmerso en un cierto desorden axiológico: va perdiendo sus antiguos puntos de referencia, pero aún no ha encontrado otros firmemente estables. Comienza a tomar cuerpo poco a poco la idea de si los juristas no estaremos orientando nuestros esfuerzos en una línea errada. Es decir, si no tendrá tal vez razón BAUDELAIRE cuando alertaba acerca de que esa isla de Citera, que nosotros buscamos con inquietud a través de cambios legislativos, no será, a fin de cuentas, «après tout... une pauvre terre» [361].

---

[358] Ibídem.

[359] COMMAILLE, *La régulation politique de la famille,* cit., p. 272.

[360] Cfr. A. DUFOUR, «Los orígenes intelectuales y los caracteres institucionales del Derecho matrimonial occidental moderno», en *Libertades fundamentales y sistema matrimonial,* cit., p. 12.

[361] «¿Cuál es esa isla triste y oscura? Es Citera..., después de todo solamente una pobre tierra»: Ch. BAUDELAIRE, *Las flores del mal,* trad. esp., Madrid, 1994, p. 47. Citera es una isla griega al sur del golfo de Laconia. En la obra de Baudelaire aparece consagrada a Venus, como un símbolo del amor. Sobre este punto GLENDON, *La transformation...,* cit., p. 46. Y P. J. VILADRICH (*Agonía del matrimonio legal,* cit., p. 20) observa: «También en la crisis actual de la familia es aconsejable una prudente perspectiva que nos evite ser víctimas de lo inmediato. Esa crisis no es tanto falta del deseo de ideales

La verdad es que la realidad nos presenta un panorama menos pesimista que el de nuestros legisladores. Así, por ejemplo, en la última Conferencia de Ministros Europeos encargados de Asuntos Familiares [362], el informe alemán concluye: 1) Cada vez más jóvenes aspiran al matrimonio y hacen de la familia el objetivo principal de su existencia. Esto lo confirma el 80 por 100 de ellos: «lo que más deseo es casarme, tener hijos y triunfar en mi vida de familia». 2) El matrimonio está mejor considerado que en la década de los ochenta: el 83 por 100 de las personas entre dieciocho y cincuenta y cinco años en los antiguos *Länder* y el 89 por 100 en los nuevos están de acuerdo, en general, en que «el matrimonio es sinónimo de seguridad y de estabilidad». 3) Los hijos se han convertido en una auténtica razón para vivir: el 94 por 100 de los hombres y mujeres que viven en los antiguos *Länder* y el 99 por 100 de los que viven en los nuevos declaran que «los hijos hacen la vida más intensa y plena». 4) Los matrimonios duran más tiempo: en 1990 los matrimonios duraban como media 43 años (41 años, si se tienen en cuenta los divorcios), en 1970 los matrimonios duraban como media 41,5 años (39,9 años si se tienen en cuenta los divorcios). 5) Más del 80 por 100 de los hijos es educado por sus padres biológicos.

Y, aunque a lo largo de este trabajo hemos constatado la atención que los juristas prestamos a las familias no conyugales, la realidad es que, en bastantes países europeos, siguen siendo la excepción. Así, aunque en los últimos informes de los Estados miembros del Consejo de Europa se da cuenta de la evolución de las estructuras familiares, sin embargo no deja de subrayarse que «el matrimonio sigue siendo un valor fundamental de la sociedad, de manera que la mayoría de niños nacen dentro del matrimonio o son inmediatamente legitimados por el matrimonio subsiguiente de sus padres» [363]. Suiza indica que el 94 por 100 de los niños nacen en el seno de un matrimonio. En Alemania el 85 por 100 de los niños crece en el seno de una familia fundada en el matrimonio; mientras que en el Reino Unido las parejas casadas con niños representan alrededor del 80 por 100 de todas las familias

—que hay síntomas de un próximo clamor por ellos—, cuanto de un radical error en la base misma desde la que se persiguen aquellos ideales de mejora de la pareja humana. Y este yerro de base conduce a las más diversas alternativas sexuales, matrimoniales y familiares, que sobre él se emprenden, a la fatal producción de contravalores, al empobrecimiento de los lazos humanos y a la conciencia de frustración.» Véase también del propio VILADRICH su sugerente trabajo «La famiglia "Sovrana"», *L'Osservatore Romano,* 15 de junio de 1994, p. 5.

[362] París, 14-15 de octubre de 1993, en *Derechos del niño y familia en Europa,* cit., p. 49.

[363] Informes de Austria, Bélgica, Polonia y Luxemburgo, ibídem, p. 30.

con niños a su cargo. En España, de los 12.000.000 de uniones estables contabilizadas en las últimas estadísticas, 11.858.000 son matrimoniales, por sólo 190.000 no conyugales. Es decir, sólo el 2 por 100 de los mayores de 18 años viven en pareja sin estar casados, aunque lo más probable es que no rechacen todas ellas el matrimonio pues bastantes pueden estar a la espera de casarse [364].

Si del continente europeo trasladamos nuestra atención a los Estados Unidos, uno de los más recientes trabajos sobre la familia [365] indica algo sintomático: las ideas sobre el matrimonio y la familia que la mayoría de la gente considera casi evidentes por sí mismas, son discutidas en forma acalorada por aquellos cuyo trabajo consiste en estudiar o asesorar a las familias. Es decir, los medios de comunicación o las publicaciones donde ven la luz los trabajos de cierta *intelligentsia* adelantan modelos familiares en los que la mayoría de los ciudadanos no se reconocen o consideran residuales. Así, por ejemplo, la idea de la familia de dos progenitores, donde el padre trabaja y la madre dedica bastantes horas al hogar se considera que refleja un prejuicio nostálgico y encierra un error estigmatizante, ya que se refiere, se dice, a un tipo de familia que de hecho ya casi no existe. A su vez, se difunde la idea de que la familia de dos progenitores es también un residuo histórico. Sin embargo, es falso que, en los Estados Unidos, ese tipo de familia se haya convertido ya en una reliquia histórica. Si bien es cierto que ha habido un aumento espectacular de familias de un solo progenitor, la inmensa mayoría de los niños —casi el 73 por 100 en todo el país— vive en hogares donde los padres están casados [366].

Estas contradicciones entre lo que la mayoría vive y lo que se refleja en los estudios especializados, confirma la hipótesis de que la crisis del matrimonio y la familia probablemente no se debe tanto a razones sociológicas o históricas cuanto a motivos ideológicos. Desde luego el paso de la familia patriarcal a la nuclear; el tránsito de una sociedad agrícola a otra urbana, etc., ha influido en los cambios de la familia y el matrimonio, pero es en el mundo de las ideas donde están fraguándose los cambios. En concreto, y como se ha puesto de manifiesto [367], es en tres escisiones donde se está originando la crisis. La primera, metafísica, que separa naturaleza e historia; la segunda, antropológi-

---

[364] Cfr. *Las pautas de nupcialidad en España,* Consejo Superior de Investigaciones Científicas, Madrid, 1992.

[365] J. Q. WILSON, «Los valores familiares y el papel de la mujer», *Facetas,* 1994, pp. 37 ss. El texto original es de *Commentary,* abril de 1993.

[366] Ibídem, p. 40.

[367] S. COTTA, *Sacramentaltà e realtà esistenziale del matrimonio,* cit., pp. 19 ss.

ca, que escinde persona e individuo, acentuando lo que aísla al segundo de aquella tendencia relacional —con los otros y con Dios— característica de la primera. La tercera, sociopolítica, que aleja lo privado de lo público, acentuando la subjetividad.

Esto explica que la actual «desmitificación» de las normas que positivizó el modelo matrimonial clásico, que es una constante en el proceso de erosión que también aquí hemos analizado, en realidad encierra su «desmetafisicación» [368], es decir, la conceptuación del matrimonio como un hecho *cultural* y no *natural.* De ahí que se haya afirmado, en mi opinión con acierto, que «la tarea más urgente y primordial del pensamiento de nuestros días es redescubrir qué sea el matrimonio» [369], o si se quiere, saber si el matrimonio forma todavía parte de las ciencias ético-jurídicas o de las político-sociales [370]. El Derecho canónico afirma decididamente lo primero. Y sobre la urgente tarea aludida, vuelve a ofertar a Occidente su propia visión, afirmando que el matrimonio diseñado por la naturaleza, reflejado en las normas positivizadas en los doce primeros siglos de la era cristiana, probablemente no en toda su pureza, pero en sí en toda su grandeza de fondo, no es una reliquia histórica que sólo deba atraer a los juristas con la peculiar atracción que reúne a los anatomistas alrededor de un cadáver. Con la modestia de quien se sabe deudor de las construcciones técnicas de los Derechos con los que ha convivido históricamente, entiende, sin embargo, que todos los esfuerzos de la técnica jurídica serán insuficientes si se prescinde de la ética y la antropología que late bajo la bíblica «una caro» [371].

---

[368] A. HERNÁNDEZ GIL, *Metodología...*, cit., p. 400.

[369] J. HERVADA, «La identidad del matrimonio», en *Escritos de Derecho natural,* cit., p. 391.

[370] G. LO CASTRO, *L'idea di matrimonio e i rapporti interordinamentali,* cit., p. 71.

[371] Cfr. Génesis, 2, 24.

CONTESTACIÓN
DEL EXCMO. SR. D. JUAN VALLET
DE GOYTISOLO

Es para mí una satisfacción poder ser el primero en esta Real Academia en felicitar al recepcionario Rafael NAVARRO-VALLS, y contestar al magnífico discurso que acabamos de escucharle.

Considero una deferencia suya la de haber solicitado al Pleno de Numerarios que me designase a mí para desempeñar este cometido, tanto más tratándose de un tema tan importante y fundamental —y hoy tan polémico— como lo es toda reflexión en torno del matrimonio.

Agradezco a NAVARRO-VALLS esta deferencia en mayor medida porque no puedo decir que tenga una vieja amistad con él ni vínculos universitarios, profesionales, ni antiguos de otra índole. Le conocí muy ocasionalmente hace años con motivo del homenaje que se tributó a nuestro compañero José MALDONADO Y FERNÁNDEZ DEL TORCO, antecesor suyo en la medalla, con motivo de su jubilación como Catedrático. NAVARRO-VALLS lo organizó y ofreció. Después he leído algún estudio suyo, como «Divorcio y derecho» contenido en sus *Estudios de Derecho Matrimonial,* que cité varias veces en otro mío. Pero no había vuelto a verle ni a hablar con él, hasta que, con motivo de su presentación como aspirante a numerario, vino a visitarme. Sintonicé bien con él; y, poco después de ser elegido, volvió a mi estudio para exponerme su intención de tratar en su discurso de ingreso con amplia perspectiva histórica y comparada, el tema que acaba de desarrollar; así como su deseo de que fuese yo quien le contestara. Entonces hacía unos meses que, por motivos de salud, había dejado de ser Secretario General y de formar parte de la Junta de Gobierno de esta Real Academia. Pero me hallaba ya en franca convalecencia. Pienso que conocía mi interés por el tema, que, si bien nunca he tocado ni canónica ni civilmente, sí lo he sobrevolado filosófica y sociológicamente en alguna ocasión. De ahí que me halague y le agradezca esta deferencia.

I

Rafael NAVARRO-VALLS nació el 12 de febrero de 1940 en Cartagena, donde cursó sus estudios de bachillerato. Se licenció en Derecho por la Universidad de Murcia el año 1962, obteniendo el Premio Extraordinario. En ella recibió orientación y la impronta de su primer maestro de Derecho Canónico, el Catedrático de dicha disciplina Mariano LÓPEZ ALARCÓN. Posteriormente, se doctoró en Derecho Civil, licenciándose en Derecho Canónico por la Universidad de Navarra.

Desde 1967 hasta 1971, fue Profesor ayudante de la Universidad Complutense de Madrid, y de 1971 a 1974 Profesor Adjunto interino de la Facultad de Derecho de la Universidad de Murcia.

Por oposición, en 1974, obtuvo plaza en el Cuerpo de Profesores Titulares de Universidad, desempeñando el cargo de Profesor Adjunto numerario en la misma Universidad de Murcia durante el Curso 1974-1975. En 1975 obtiene, también por oposición, la plaza de Profesor Agregado de Derecho Canónico en la Universidad Complutense. Actualmente es Catedrático de Derecho Canónico en la misma Universidad, de la cual en 1976 era ya Secretario del Departamento de Derecho Canónico y Eclesiástico del Estado, del que hoy es su Director desde el año 1983.

Ha sido becario del Fondo de las Naciones Unidas (UNESCO) para el desarrollo de la educación; investigador del Proyecto —subvencionado por la Dirección General de Investigación Científica y Técnica del Ministerio de Educación y Ciencia— *Las objeciones de conciencia en el Derecho comparado,* y becario del Fondo de Ayuda a la Investigación; Profesor visitante de varias Universidades, españolas y extranjeras; Profesor Investigador del Instituto «Martín de Azpilcueta», y miembro por elección del Claustro de la Universidad Complutense y de la Junta de la Facultad de Derecho de la misma Universidad.

Su actividad en asociaciones españolas y extranjeras de expertos en su disciplina ha sido constante. Así, ha formado parte de la Junta directiva de la Asociación Nacional de Canonistas; y en el último Congreso Mundial de Derecho Canónico celebrado en Lublin (Polonia) ha sido elegido miembro de la Junta directiva de la Asociación Internacional de Canonistas. Es también miembro fundador de la Asociación Española de Ciencias de las Religiones, integrada en la *International Association for the History of Religions.*

En numerosos congresos ha desarrollado ponencias, como, en la

XII Semana Española de Derecho Canónico, *La expresión legal del consentimiento* (Andorra, 1974) y, en la XVI, *El matrimonio en la Constitución española de 1978* (Murcia, 1978); en el Congreso Internacional «Mutamenti istituzionali e dinamica concordataria (Parma, 1978); en el X Congreso Internacional de Canonistas, *La inscripción del matrimonio canónico* (Madrid, 1988); en el III Congreso Internacional de Derecho Eclesiástico del Estado, *El matrimonio concordatario en Derecho español e italiano* (Oviedo, 1986); en el V Congreso Internacional, *El modelo matrimonial en la legislación histórica española* (Pamplona, 1989); y, en el VII, *Las objeciones de conciencia* (Valencia, 1992); en el Congreso Internacional de Turín, 1989, «Ciencia Canónica y Derecho europeo», siendo su tema *Derecho canónico y ciencia jurídica española*; y en el Congreso sobre «Los acuerdos entre el Estado español y las confesiones religiosas» (Santander, 1988), donde desarrolló *El matrimonio en los acuerdos con las minorías religiosas*; en el Congreso internacional sobre relaciones Iglesia-Estado (Augsburgo, 1991), trató de *Le mariage religieux en Droit espagnol*; en el VIII Congreso Internacional de Derecho Canónico (Varsovia, 1993), *Gli Stati di fronte alla Chiesa*; en el Curso de Verano en El Escorial «Las objeciones de conciencia», 1990, expuso *La objeción de conciencia a tratamientos médicos*; en el Congreso Internacional sobre la libertad religiosa (Acapulco, 1993), *Los efectos civiles del matrimonio religioso*; así como en las Jornadas de Actualización del Derecho Canónico, Pamplona, 1978, 1980, 1985 y 1988. También ha presentado comunicaciones en los Congresos Internacionales de Derecho Canónico, de Friburgo, Múnich y Pamplona, y ha actuado de moderador de mesas científicas en los Congresos Internacionales de Jerez de la Frontera, 1985; Valladolid, 1989; etcétera.

Son numerosas las tesis doctorales que ha dirigido, de las cuales una decena han sido publicadas como libros.

Su obra escrita es ya importante.

Tiene publicados seis libros:

1. *Eficacia en España de las sentencias extranjeras de divorcio* (1972).
2. *Derecho Canónico* (en colaboración) para la Universidad Nacional de Educación a Distancia (1974).
3. *Estudios de Derecho matrimonial* (1977).
4. *Derecho eclesiástico del Estado* (3.ª edición de 1993), en colaboración.
5. *El matrimonio religioso ante el Derecho español* (1984).

6. *Curso de Derecho matrimonial canónico y concordado* (en colaboración con el Profesor López Alarcón, de la que se han hecho cinco ediciones, la 5.ª de 1994).

Sus artículos monográficos alcanzan la cincuentena, sin contar los prólogos, recensiones y otros trabajos menores.

Es miembro fundador del *Anuario de Derecho Eclesiástico,* primera publicación periódica orientada al análisis del Derecho del Estado en materia religiosa, y de la cual es actualmente Vicedirector. También es miembro del Consejo de Redacción de la *Revista de la Facultad de Derecho de la Universidad Complutense*; y su interdisciplinariedad ha dado lugar a que se hayan publicado colaboraciones suyas en revistas diversas, como *Revista Española de Derecho Internacional, Revista General de Legislación y Jurisprudencia, Revista de Derecho Privado, Ius Canonicum, Revista Española de Derecho Canónico, Revista de la Facultad de Derecho de la Universidad Complutense,* etcétera.

Si observamos su producción bibliográfica se advierte que no se ciñe al Derecho canónico, sino que, dentro y fuera de él, se abre a la historia del Derecho y al Derecho comparado. Además en el Derecho Canónico y Derecho Eclesiástico del Estado, en general, se observa, por una parte, una notable especialización en el Derecho matrimonial que no se reduce al canónico, sino que abarca los ámbitos de los diversos derechos civiles de casi todos los países; y, por otra parte, se nota una extensión de sus estudios al derecho internacional, al concordatario y al comparado, al procesal, al constitucional, al del Registro Civil, a las cuestiones suscitadas por las diversas objeciones de conciencia, a los temas de la enseñanza, culturales y a la filosofía.

Ciertamente recibimos en esta Corporación a un magnífico especialista en sus disciplinas Derecho Canónico y Derecho Eclesiástico del Estado, pero que, además, es mucho más que un especialista. Es un jurisconsulto completo, conforme a la definición de jurisprudencia que ULPIANO dio y recoge el Digesto: «*Divinarum atque humanarum rerum notitiae, iusti atque iniusti scientia.*»

II

El magnífico discurso que acabamos de escuchar es una muestra palpable de que —como acabo de decir— el recipiendario no sólo conoce —y muy bien— el Derecho canónico a través de toda su historia, sino que su perspectiva abarca el Derecho romano, la historia de más de veinte siglos puesta en relación con el Derecho, el Derecho comparado de los distintos Estados modernos, incluyendo la jurisprudencia angloamericana más reciente, y la *notitiae* precisa de la teología, la antropología filosófica, la sociología, así como de las técnicas reproductivas asistidas y de la bioética.

Se halla dividido en una *Introducción*, ilustrativa del tema, y de tres partes constitutivas: *La creación del modelo matrimonial de Occidente, La erosión del modelo clásico* y sus *Consideraciones finales*, que indican la perspectiva del propio autor.

En la introducción del discurso, advierte que la institución matrimonial formada en la tradición tanto del derecho continental como en el *common law* ha consistido en «la conjunción más lograda de la técnica civil —romana si queréis— con la ética cristiana», constituyendo así «una simbiosis que Occidente ha vivido durante siglos».

Resalta que la relación entre matrimonio y familia, vista en el Año Internacional de la Familia, es proyectada por las Naciones Unidas y por la Santa Sede con perspectivas no estrictamente concordantes, tal vez debido a que el centro de la nueva cultura —como dice el recipiendario— «no parece ser ya la norma sino el individuo, y en la que el *ius hominum causa constitutum est* del texto del Digesto alcanza ecos absolutamente inéditos». Volveremos después a esto.

Esta comprobación ha obligado al recepcionario a que desplegara, ante nuestros ojos, cuál ha sido el discurrir de la historia en el decurso de la que ha sido formado el modelo matrimonial de Occidente y, a la vez, la visión de la más ardiente actualidad que vive nuestro mundo, cuando ya se adivinan los albores del tercero de los milenios de nuestra era. De ahí las acuciantes preguntas que formula al final de su introducción.

La creación del modelo matrimonial de Occidente —nos ha explicado NAVARRO-VALLS— ha sido una obra elaborada, matizada y expandida por el Derecho canónico a lo largo de veinte siglos. Pero sus elementos constitutivos «no surgieron de la nada», pues «encontraron su base tanto en el Derecho romano como en el Derecho judío», de los cuales su transformación se efectuó en un largo proceso —en palabras suyas— «lento porque suponía un cambio en las inteligencias y los corazones», producido «por el cambio de convicciones a través de un mensaje moral transmitido en el seno de una e idéntica sociedad».

El recipiendario nos ha mostrado cómo se entrecruzan diversas dialécticas a lo largo de la historia del matrimonio. Tales son las producidas: entre el matrimonio «por etapas» —que se observa en los Derechos primitivos y en el Derecho judío— y el matrimonio constituido en un solo acto; entre la poligamia, sea simultánea o bien sucesiva, y el matrimonio monogámico que habitualmente es permanente; entre el tipo legal —en el cual, por influencia cristiana, las *Novelas* de JUSTINIANO limitan las causas justas de repudio— y el modelo ideal —expresado por MODESTINO como «*Consortium omnis vitae*»—; entre el «*consensus* continuado», interrumpible en cualquier momento, y el sólidamente forjado en el consentimiento constitutivo y no simplemente continuativo.

Nos ha explicado que también en el mismo Derecho canónico se observa una dialéctica entre el simple consentimiento matrimonial y la forma; entre su concepción como contrato consensual, defendida por PEDRO LOMBARDO, y su consideración como contrato real, consumado por la *copula carnalis,* que había mantenido GRACIANO; así como entre el matrimonio por mutuo consentimiento y el celebrado *in facie Ecclesiae.* En éste, la bendición comenzó siendo dada *ratione peccati,* luego fue entendida como *confirmación,* y sólo en Trento se consideró constitutiva de forma *ad solemnitatem,* aunque se mantengan notables excepciones.

También nos ha mostrado con perspectiva histórica la *erosión del modelo clásico,* tomando como panorama sistemático el de las diversas rupturas padecidas en el modelo tradicional, entre ellas: la desinstitucionalización; la privatización; la nueva formalización, en lo civil; las uniones de hecho y su inscripción; la debilitación de la heterosexualidad; el proceso de secularización formal y sustancial del matrimonio con sus manifestaciones y consecuencias, en especial la escisión entre sexualidad, procreación y matrimonio.

El autor demuestra un admirable conocimiento de las legislaciones de los países de Occidente, de la jurisprudencia de los Tribunales internacionales, extranjeros y nacionales, de la doctrina pontificia y de los autores actuales que han tratado las materias de que se ocupa.

En sus *Consideraciones finales,* observa NAVARRO-VALLS que se produce un oscurecimiento del tipo ideal de familia estable y unida, por el intento de adaptarlo «a todas las vicisitudes de la pareja». Con ello se dibuja «una familia "incierta" cuya legitimación no bascula exclusivamente sobre el matrimonio». Aparece una legislación en la que «se combinan cohabitación y matrimonio, heterosexualidad y homosexualidad, formalización por imperio de la ley y, al mismo tiempo, intensa contractualización, que deja a las partes la determinación de los efectos, su duración y su fin». Destaca que, en ello, se observa una visión unidimensional del hombre, que, con demasiada frecuencia, queda reducido a mera biología, sin óbice de que al mismo tiempo se trate de liberarle del orden biológico de la Creación. En sus observaciones resalta también los contrasentidos que se dan, tales como el que, a la vez, se imponga el ejercicio colegial de la potestad sobre los hijos y se conceda sólo a la mujer la decisión plena sobre el aborto.

Cierto es —según hace notar con datos contrastables— que el panorama general que presenta la realidad social le resulta menos pesimista que el ofrecido por las legislaciones nuevas y los proyectos legislativos. Esto —a su juicio— indica que la crisis del matrimonio y de la familia «no se debe tanto a razones sociológicas o históricas cuanto a motivos ideológicos», que significan el olvido de la ética y la antropología.

Es más —como el recepcionario ha dicho antes—, ocurre que la ley parece «renunciar a su papel pedagógico, para ser una simple correa de transmisión de fenómenos sociales»; pero, así, es fácil que los legisladores no se den cuenta de que, a veces, se olvidan de «la gran mayoría», en la cual no se producen esos fenómenos; y, en cambio, se dejan dominar «por los llamados complejos o efectos *assiduis* y *macedoniano*». Éstos consisten, según explica CARBONNIER: el primero, en que el legislador actúa aguijoneado por la presión de una minoría, y el segundo, en que por el hecho de que algunos han abusado de la libertad se restringe la de todos.

III

Creo que este magnífico discurso merece ser meditado y que acerca de él se efectúen algunas reflexiones, entre las muchas que sugiere su docta exposición. Por ello, voy a exponer brevemente aquellas que principalmente me ha motivado una primera lectura.

1. LA PÉRDIDA DEL SENTIDO DE LA CAUSALIDAD

Es sabido que una de las muestras del escepticismo de David HUME consistió en llegar más lejos que Francis BACON DE BERULAM, quien había calificado de «vírgenes estériles» a las causas formales y finales. Quedaban las causas eficientes, fundamento de las ciencias físicas. Pero HUME negó que fueran demostrables, pues rechazó la posibilidad de conocer, y que sea posible conocer, ni intuitiva ni deductivamente, esa relación de causa efecto. No la estimó cognoscible por intuición porque todo lo más que delata su apariencia es una sucesión entre objetos o hechos, nunca conexión entre ambos. Ni la consideró demostrable por vía analítica, a través del encadenamiento de dos hechos o de dos objetos; pues no estimaba posible la demostración de hechos por raciocinios basados en ideas ya que, al saltar de lo fácticamente conocido a lo desconocido, se sacaba la razón de sus linderos. Por ello estimaba que las causas eficientes son de naturaleza psicológica, por la cual la idea de un objeto continuo o sucesor de otro determina en nosotros la idea de una correlación. Pero nada más. Como hace unos años comentó ELÍAS DE TEJADA, HUME dejaba así en la duda la posibilidad de un saber científico y venía a «sacrificar la ciencia en los altares de la opinión, o sea, la tarea diametralmente opuesta a lo que durante más de dos mil años venía tratando de conseguir la entera civilización de Occidente».

Parece que la actual sociedad de masas y, a veces, quienes la dirigen ideológicamente han perdido el sentido de la causalidad social, aunque no creo que en eso tenga nada que ver HUME. Así, observamos simultáneamente la actual crisis del matrimonio y de la familia en su sentido tradicional y, a la par, la pérdida de la moral social, con el incremento del alcoholismo, la drogadicción, la delincuencia juvenil y hasta infantil, con todas sus secuelas psíquicas, físicas y patológicas. Pero en esa concurrencia fenomenológica no se sabe ver que existe una relación de causalidad entre aquella crisis y esos hechos sociales. Pienso que la hay, muy claramente, en algunos países sudamericanos, en el hecho de las pandillas de niños —hijos de un padre ocasional y cuya madre, después de cuidarlos unos años, marcharía con otro hombre— que viven vagando por las calles y produciéndose una trágica barbarización. Barbarización sin precedentes, a no ser que los tengan en algunos suburbios de las macrópolis de la Antigüedad.

JUAN PABLO II, en su encíclica *Sollicitudo rei socialis,* ha hablado del orden de las cosas, que vuelve a ser sentido al comprobarse los desórdenes ecológicos que la explotación desordenada de los recursos naturales por el hombre está produciendo. Y en la *Centesimus annus* ha advertido de que también existe una ecología humana, que es necesario salvaguardar, siendo cada día más apremiante que tomemos conciencia de esa necesidad.

2. EL MATRIMONIO Y LA FAMILIA EN EL ORDEN ANTROPOLÓGICO Y SOCIAL

El hombre es un ser personal con la dignidad de hallarse dotado de inteligencia y de libertad, hecho a imagen y semejanza de su Creador.

Cierto es que esas cualidades las tiene limitadas por ser temporal e histórico; y que, a la par, sufre la permanente tentación del «seréis como dioses». Ésta le provoca la pretensión de ser la medida de todas las cosas —como PROTÁGORAS afirmó— y, en consecuencia, la de construir —como demiurgo— un mundo a su guisa, a la par que renuncia a buscar la ininteligibilidad del orden social natural.

Sin embargo, si penetramos en una antropología no meramente naturalista —es decir, no reducida a ser sólo el objeto que tratan las ciencias naturales—, vemos que el hombre es un ser en relación. En relación con el Creador y el orden por Él ínsito en el universo que nos rodea; en relación con este mismo universo, en el que vivimos, y en relación con nuestros semejantes. Ésta comienza con la que tenemos naturalmente con los propios progenitores. Sin ellos no seríamos; ni podríamos ser el ser que somos. El hombre entre todos los animales es el que nace más indefenso y tiene más lenta formación física; y más aún lo es su formación intelectual y moral. El hogar es el nido del hombre, necesario para conformarse existencialmente, donde el niño, que es aún un proyecto de hombre, aprende la palabra y, con ella, las primeras ideas. Allí se conforman sus sentimientos, se desarrollan sus facultades y ordenan los apetitos.

Es esencial lo que durante el primer año de vida se enseña al niño junto al amor que se le transfunde. Su falta es difícilmente recuperable. Los niños-lobos y niños-gacelas que se han hallado han sido unos tarados irrecuperables, en contra de lo dicho en las leyendas y escrito en las novelas de niños criados por lobos o por monos.

Por otra parte —como hizo notar hace años Paul BOURGET—, la familia es un órgano de conservación social de cosas y de bienes de toda clase; y es el órgano de conservación y transmisión de la cultura, incrementada con los avances aportados por la propia generación. En la familia esa tradición actúa especialmente con relación al medio geográfico en el que vive, por la adecuación de las costumbres a la conservación de ese medio en todas sus circunstancias geográficas, climáticas y económicas. Así lo expuso muy claramente Joaquín COSTA, refiriéndose a la familia alto-aragonesa y a sus costumbres, al afirmar que sólo por ellas existía allí la naturaleza productiva. Creo sinceramente que los incendios de bosques y la erosión constituyen, hoy, una de las consecuencias de su pérdida.

En los medios urbanos las consecuencias de la depauperación de la familia tradicional tiene otras consecuencias. Pero, como antes hemos recordado, no son menos graves al atentar contra la «ecología humana».

3. LA DESACRALIZACIÓN DE LA FAMILIA Y LA EROSIÓN DE LA SOCIEDAD CIVIL

Un positivista tan destacado como fue el fundador del positivismo científico, Augusto COMTE, en la lección 50 de su *Physique sociale*, escribió estas frases:

«La base principal de la verdadera unidad social consiste ciertamente sólo en la familia, al menos a la reducida a la simple pareja que constituye su base principal. Esta consideración fundamental no debe ser tenida en cuenta sólo en el sentido fisiológico por el cual de las familias vienen las tribus, así como de éstas las naciones. De tal manera que el conjunto de nuestra especie podría ser considerado como el desarrollo gradual de una familia primitivamente única, si las diversidades locales no opusieran pronto demasiados obstáculos a tal suposición. Debemos observar sobre todo esa noción elemental bajo el punto de vista político, en el cual la familia constituye espontáneamente el verdadero y necesario germen de las diversas disposiciones sociales que caracterizan al organismo social.» En ella, añade líneas después, el hombre «comienza realmente a salir de su simple personalidad, y es donde primero aprende a vivir en otros aun obedeciendo a sus instintos más enérgicos. Ninguna otra sociedad podría ser tan íntima como esta admirable combinación primaria, donde se opera una especie de fusión completa de dos naturalezas en una sola.»

El sentimiento de ese valor creador de la familia en la formación y educación de seres dotados de espíritu explica que desde su constitución todos sus acontecimientos hayan ido acompañados de ritos religiosos. MODESTINO, en el texto que está recogido en el Digesto, 23, 2, 1, donde define las nupcias como «*coniunctio maris et foeminae, consortium omnis vitae, divini et humani iuris communicatio*», explica con estas últimas palabras la causa y razón de aquella consideración. De ahí, también, el culto familiar que los romanos rendían a los antepasados, y que quienes hoy visitan lugares como, por ejemplo, la isla de Bali pueden ver vivo en los altares domésticos que tiene cada casa tradicional.

Por eso el matrimonio es esencialmente religioso en todos los países, ya sean civilizados o salvajes; y, cuando va dejándolo de ser, la sociedad civil decae y, con ella, las costumbres retroceden.

Sin embargo, desde la Revolución francesa ocurre que el Estado viene tratando de sustituir en esta función a las religiones al secularizar el contenido del matrimonio, aunque se respete la forma religiosa —pero sólo la forma—.

Todavía se observa hoy otra tendencia dirigida a destruirlo y, con él, a la familia. En una de las *Tesis sobre Fuerbach,* MARX ha dejado escrito que si la familia celestial no es más que la imagen de la familia terrena, de la familia humana, hay que destruir ésta. En eso era coherente con lo escrito por ENGELS en *El origen de la familia, la propiedad privada y el Estado,* donde consideró la familia sólo como resultado de una determinada concepción del matrimonio; y, por eso, estimaba que bastaría modificar el concepto de matrimonio para que dejara de existir la familia que conocemos y se liberaran sexualmente tanto el hombre como la mujer.

Si el Estado se adueña de la familia y la configura a su modo o si ésta es destruida, se desnaturaliza o desaparece la primera célula de la sociedad civil, *cuasi-seminarium rei publicae* —como dijo CICERÓN— y, el deshacerse ésta, queda la sociedad civil disuelta en una masa amorfa de individuos dependientes del Estado o —como contrapunto— tendentes a la anarquía.

Sin embargo, para dispensar el bienestar a esa masa el Estado necesita de la sociedad civil, que lo mantiene y sostiene, porque sin ella se agota y consume. Así le ocurrió al Imperio romano de Occidente en la última fase del Dominado, con una socialización aún no superada, que la sociedad civil no pudo soportar y, al descomponerse ésta, se derrumbó todo el armazón del Estado romano que se apoyaba en ella a la vez que la oprimía.

4. LA CONSERVACIÓN SOCIAL Y LOS APETITOS INDIVIDUALES

KANT ha diferenciado la libertad pura, *Freiheit,* y la libertad empírica de los apetitos, *Willkur,* que atribuyó respectivamente al *homo noumenon* y al *homo phaenomenon.* Pero el hombre es inseparablemente neuménico y fenoménico. Puede conocer en cierta medida cuál es el bien común y quererlo; pero, de otra parte, sus apetitos le atraen. De ahí el dilema que se presenta en la configuración jurídica de las instituciones, y esencialmente de una institución tan básica como es el matrimonio, no sólo para la familia, sino para toda la sociedad civil.

En las dialécticas que, en su discurso, nos ha señalado NAVARRO-VALLS, que han concurrido históricamente en la configuración institucional del matrimonio, tanto en el pueblo judío como en el de Roma y en el Medievo, vemos una tensión constante entre, por un lado, alcanzar el modelo ideal en el tipo de familia que es connatural al hombre social e histórico —en el sentido de adecuarse a su ser, espíritu y materia— y, en sentido contrario, atenerse a la regulación de lo apetecido por la debilidad de nuestra voluntad, en la cual los apetitos muchas veces pesan más que la razón.

El modelo que configuró el Derecho canónico, con el consenso de todos los Estados cristianos, contemplaba esta dimensión social del hombre. Pero el voluntarismo escotista y el nominalismo ockhamiano ya no vieron sino al individuo, aunque tanto Duns ESCOTO como OCKAM lo sujetaron férreamente a la ley divina positiva —es decir, a la revelada, contenida en los libros sagrados—. De tal modo, ésta actuaba como una armadura protectora. Pero, al secularizarse la sociedad, esta protección desaparecería.

Desde entonces se tiende a legislar sólo para el individuo. No se tiene en cuenta el bien social —presente y futuro—, sino los deseos de cada individuo en el momento inmediato, que hoy es uno y mañana es otro.

Además, en las sociedades modernas, la sociedad civil y los cuerpos sociales que la integran son frecuentemente sustituidos por el aparato administrativo del Estado, en el que influyen notoriamente los grupos de presión.

Uno vuelve a pensar en lo que escribió el más grande jurista francés del siglo XVIII, Jean DOMAT, el amigo de PASCAL y como éste jansenista. Como ejemplo de que sólo el cristianismo ilumina la razón del hombre, evocó el de Roma. Ese mismo pueblo, que nos legó el Derecho técnicamente más perfecto, no alcanzó a captar el primer principio de la dignidad humana; pues admitió que se dispusiera libremente de la vida de los esclavos y que se divirtiera a la plebe con los sangrientos juegos del circo. Hoy, al ver cómo legalmente se puede disponer de vidas humanas inocentes indefensas, uno se siente, otra vez, tentado a pensar lo mismo. A no ser —perdonad si digo una *boutade*— que la explicación de esto se halle en que no sean ancianos, sabios y prudentes quienes legislan como propugnaban los antiguos ...Ciertamente en contra del proyecto de ley de la interrupción del embarazo informaron la Real Academia de Ciencias Exactas, Físicas y Naturales, la de Medicina y la de Ciencias Morales y Políticas.

5. EL EMPOBRECIMIENTO SEMÁNTICO

Otro punto sugerente del discurso de NAVARRO-VALLS es el referente al empobrecimiento semántico que observa hoy en la materia por él examinada.

A veces los reduccionismos semánticos van unidos a una finalidad de igualatoria. Finalidad ante la cual no estará de más recordar que el principio de la igualdad reclama tratar aritméticamente igual los casos iguales; tratar proporcionalmente, o sea, con igualdad geométrica, los casos formalmente iguales pero cuantitativamente desiguales; y, en fin, tratar desigualmente los casos desiguales. Así, por ejemplo, no se puede tratar igual a un niño que a un hombre en materia de deberes y responsabilidades; ni al inocente como al culpable. Sin embargo, con el afán de igualdad, en el divorcio se han equiparado al cónyuge culpable y al inocente, borrándose la distinción e incluso ese calificativo y atendiéndose sólo a la pérdida de estado económico. Así se prima a quienes contraen matrimonio con ese fin de lucro.

Pero vayamos a la semántica, como relación de las palabras —que son signos— con las cosas significadas.

En Derecho romano el matrimonio podía constituirse por *confarreatio*, por *coemptio* o por *usus*. Incluso el constituido por *usus* estaba claramente diferenciado del concubinato, no sólo en la regulación, sino también por este nombre.

En el Derecho común europeo, desde la Edad Media hasta el Concilio de Trento, el matrimonio, contraído «hasta que la muerte nos separe», podía ser *de bendición* o a *juras* —como se decía en castellano—. Pero este último se diferenciaba nítidamente de la mancebía —o, dicho en castellano castizo, barraganía—, y más aún se diferenciaba de las relaciones carnales más o menos continuadas con persona sentimentalmente próxima pero con la que no se convivía. Dígalo si no la leyenda toledana del Cristo de la Vega, bellamente versificada por Zorrilla en *A buen juez, mejor testigo*.

NAVARRO-VALLS nos ha mostrado la actual confusión semántica en torno del matrimonio, que en algunas legislaciones extranjeras alcanza las uniones homosexuales legalizadas. No se ve cómo en las de sexos masculinos puede haber matrimonio sin madre. Ni en las de lesbianas, si no es con maternidad extramatrimonial.

La confusión es mayor aún en la relación de la paternidad y de la maternidad con la filiación, en los casos en que se trata de fecundación artificial exógena o incubada en una mujer que no es la madre genética, pero que sí da a luz al niño concebido con óvulos de otra. NAVARRO-VALLS nos ha narrado numerosos ejemplos de los problemas originados por esa confusión que ha creado el hombre como «aprendiz de brujo» —en la que una abuela puede alumbrar a su nieto— y se puede ser huérfano incluso antes de ser concebido, si el padre donó *post mortem* a la madre el semen que le fertilizó.

Cada ordenamiento resuelve a su modo los problemas. ¡Ninguno satisfactoriamente! El hecho es que la certeza de la maternidad no la determinan el parto ni la paternidad, ni se basa en el estado y la posibilidad de acceso carnal, sino en la comprobación biológica. De ese modo, en lugar de darse mayor seguridad a los hijos, se crea una incertidumbre mayor mientras no exista esa comprobación.

En un tiempo en el cual la cognación se impone a la agnación, ocurre que el equivalente moderno de ésta, obtenido con medios biológicos artificiales, se puede sobreponer a aquélla. Pero lo que con las formalidades civiles era irrevocable, hoy queda pendiente de que lo destruya un control de paternidad, o incluso de maternidad.

***

Termino, y al hacerlo le doy a Rafael NAVARRO-VALLS, en nombre de toda la Corporación, la más cordial bienvenida, como Numerario de ésta, que es ya su casa. Con él, vuelve a estar representado el *ius canonicum*. Y de él esperamos mucho en pro de la jurisprudencia, que es ciencia y práctica del Derecho, esto es, conocimiento y determinación de lo que es justo y equitativo.

PUBLICACIONES DEL EXCMO. SR. D. RAFAEL NAVARRO-VALLS

A) LIBROS

1. *Eficacia en España de las sentencias extranjeras de divorcio,* Montecorvo, Madrid, 1972.
2. *Derecho Canónico,* en colaboración, Universidad Nacional de Educación a Distancia, Madrid, 1974.
3. *Estudios de Derecho Matrimonial,* Montecorvo, Madrid, 1977.
4. *Derecho Eclesiástico del Estado,* en colaboración, 3.ª ed., Eunsa, Pamplona, 1993.
5. *El matrimonio religioso ante el Derecho español,* Edit. de la Universidad Complutense, Madrid, 1984.
6. *Curso de Derecho Matrimonial canónico y concordado,* en colaboración con M. López Alarcón, 5.ª ed., Tecnos, Madrid, 1994.
7. *Le obiezioni di coscienza nel diritto internazionale e comparato,* en colaboración con J. Martínez Torrón, Giappichelli, Torino, 1994.

B) MONOGRAFÍAS Y ARTÍCULOS

7. «Convergencia concordataria e internacionalista en el *accord-normatif*», *Ius Canonicum,* 1965.
8. «Los representantes diplomáticos de la Santa Sede según la última legislación canónica», *Revista Española de Derecho Internacional,* 1970.
9. «La licencia en la enajenación canónica y el Derecho español», *Ius Canonicum,* 1970.
10. «Reflexiones sobre los condicionamientos del ordenamiento canónico», *Rev. Facultad de Derecho Universidad de Murcia,* 1970-71.
11. «Estatuto personal islámico y divorcio vincular», *Revista Española de Derecho Canónico,* 1972.

12. «La jurisprudencia española ante el divorcio vincular», en el vol. *El fenómeno religioso en España*, Madrid, 1973.

13. «La restauración de la comunidad conyugal», *Revista General de Legislación y Jurisprudencia*, 1972.

14. «La valoración de la prueba en Derecho Canónico», en el vol. *La norma en Derecho Canónico*, Pamplona, 1976.

15. «La Ley de Divorcio española de 1932», *Historia 16*, 1978.

16. «Forma jurídica y matrimonio canónico», *Ius Canonicum*, 1974.

17. «La expresión legal del consentimiento canónico», en el vol. *Trabajos de la XV Semana Española de Derecho Canónico*, 1976.

18. «Los fundamentos de la sentencia canónica», en *Estudios en homenaje al Profesor Prieto-Castro*, Madrid, 1977.

19. «Divorcio y Derecho», en el vol. *Divorcio*, Pamplona, 1977.

20. «El sistema matrimonial español y la Constitución de 1978», *Revista General de Legislación y Jurisprudencia*, 1979.

21. «Los efectos civiles del matrimonio canónico en el Acuerdo de 1979», *Revista de Derecho Privado*, 1980.

22. «La posición jurídica del matrimonio canónico en la Ley de 7 de julio de 1981», *Revista de Derecho Privado*, 1982.

23. «La forma jurídica del matrimonio canónico en el nuevo *Codex*», *Revista de Derecho Privado*, 1983.

24. «Sistema matrimonial español, concordato y libertad religiosa», *Palabra*, 1982.

25. «La enseñanza universitaria del Derecho Canónico en la jurisprudencia española», *Anuario de Derecho Eclesiástico del Estado*, 1985.

26. «La objeción de conciencia al aborto en el Derecho comparado y en el Derecho español», *Anuario de Derecho Eclesiástico del Estado*, 1986.

27. «La objeción de conciencia al aborto en el Derecho europeo», en *Estudios en homenaje al profesor López Alarcón*, Murcia, 1986.

28. «La objeción de conciencia al aborto en la jurisprudencia estadounidense», *Estudios en homenaje al profesor Lamberto de Echeverría*, Salamanca, 1987.

29. «La enseñanza del Derecho Canónico en las Facultades de Derecho españolas», en *Estudi in memoriam di M. Condorelli*, Padova, 1988.

30. «Las prelaturas personales en el Derecho conciliar y codicial», *Estudios Eclesiásticos*, 1984.

31. «Comentarios a los cánones 1.108-1.149», en *Código de Derecho Canónico comentado*, Eunsa, Pamplona, 1985.

32. «El matrimonio concordatario en el Derecho italiano y en el Derecho español», *Anuario de Derecho Eclesiástico del Estado*, 1988.

33. «La figura de Pedro Lombardía», *Anuario de Derecho Eclesiástico del Estado*, 1987.

34. «La inscripción del matrimonio canónico en el Registro Civil», en el vol. *El matrimonio: cuestiones de Derecho Administrativo*, Salamanca, 1989.

35. «El Derecho canónico como hecho cultural», en *Estudios en homenaje al profesor M. Hurtado*, Murcia, 1992.

36. «Las asociaciones canónicas sin personalidad», en *Actas del Congreso Internacional de Derecho Canónico*, Múnich, 1988.

37. «L'efficacité civile du mariage religieux dans le Droit espagnol», en el vol. *Marriage and Religion in Europe*, Milano, 1993.

38. «Diritto canonico e cultura giuridica spagnola», en el vol. *Scienza giuridica e diritto canonico*, Torino, 1992.

39. «El modelo matrimonial del Derecho histórico español», *Revista de la Fac. Derecho de la Universidad Complutense,* 1991.

40. Voces «Impedimentos matrimoniales de rapto, crimen, orden sagrado, profesión religiosa, edad, impotencia, parentesco legal, afinidad, forma canónica ordinaria, forma extraordinaria y matrimonio secreto», en *Diccionario jurídico,* Espasa Calpe, Madrid, 1992.

41. «La objeción de conciencia a tratamientos médicos en el Derecho español y comparado», en colaboración con J. Martínez Torrón y M. A. Jusdado, *Persona y Derecho,* 1988.

42. «Comentarios a los cánones 1.108 y ss.», en *Comentarios al Código de Derecho Canónico,* Eunsa, Pamplona, en prensa.

43. «El matrimonio de las minorías religiosas en los acuerdos con el Estado español», en el vol. *Homenaje al profesor López Ortiz,* Madrid, 1993.

44. «Las objeciones de conciencia», en colaboración con R. Palomino, en *Tratado de Derecho Eclesiástico,* Eunsa, Pamplona, en prensa.

45. «La objeción de conciencia al aborto: nuevos datos», en *Actas del VI Congreso Internacional de Derecho Eclesiástico del Estado,* Valencia, 1993.

46. «Los Estados frente a la Iglesia», *Anuario de Derecho Eclesiástico del Estado,* 1993.

47. «Los efectos civiles del matrimonio religioso», en el vol. *La libertad religiosa,* México, DF, 1994.

C) PRÓLOGOS

48. A la monografía de M. Camarero, *La convalidación del matrimonio en Derecho Civil,* Montecorvo, Madrid, 1982.

49. A la monografía de J. A. de Jorge, *El matrimonio de las minorías religiosas en Derecho español,* Tecnos, Madrid, 1986.

50. Al volumen de *Estudios en homenaje al profesor M. López Alarcón,* Murcia, 1987.

51. A la monografía de J. Martínez-Torrón, *Las prelaturas personales en el Concilio Vaticano II,* Eunsa, Pamplona, 1985.

52. A la monografía de Z. Combalía, *La autonomía de la voluntad en la inscripción del matrimonio canónico,* Bosch, Barcelona, 1991.

53. A la monografía de R. Rodríguez Chacón, *El factor religioso ante el Tribunal Constitucional,* Ed. de la Facultad de Derecho de la UCM, Madrid, 1992.

54. A la monografía de I. Martínez Alegría, *La forma extraordinaria del matrimonio canónico,* Montecorvo, Madrid, 1994.

55. A la monografía de R. Palomino, *Las objeciones de conciencia en el Derecho norteamericano,* Montecorvo, Madrid, 1994.

7,50 £

N72